BIBLIOTHÈQUE
DE PHILOSOPHIE CONTEMPORAINE

Conserve la Couverture

LES INCLINATIONS

LEUR ROLE

13616

DANS LA PSYCHOLOGIE DES SENTIMENTS

PAR

G. REVAULT D'ALLONNES

Docteur ès lettres

PARIS
FÉLIX ALCAN, ÉDITEUR
LIBRAIRIES FÉLIX ALCAN ET GUILLAUMIN RÉUNIES
103, BOULEVARD SAINT-GERMAIN, 103
—
1908

LES INCLINATIONS

FÉLIX ALCAN, ÉDITEUR

DU MÊME AUTEUR

Psychologie d'une religion. *Guillaume Monod*. 1 vol. in 8°
de la *Bibliothèque de philosophie contemporaine* . . . . . 5 f

LES
INCLINATIONS

LEUR ROLE

DANS

LA PSYCHOLOGIE DES SENTIMENTS

PAR

G. REVAULT D'ALLONNES

Docteur ès lettres.

———

PARIS

FÉLIX ALCAN, ÉDITEUR

LIBRAIRIES FÉLIX ALCAN ET GUILLAUMIN RÉUNIES

108, BOULEVARD SAINT-GERMAIN, 108

—

1907

LES INCLINATIONS

LEUR RÔLE DANS LA PSYCHOLOGIE DES SENTIMENTS

INTRODUCTION

Les inclinations sont si peu étudiées aujourd'hui, que l'on a peine à trouver, dans la littérature psychologique actuelle, quelque vue un peu générale sur ces sentiments. Une atmosphère de théologie et de morale semble régner sur cette région de la psychologie, et les psychologues sont comme découragés d'y pénétrer. Nos inclinations sont naturellement anti-sociales, égoïstes : telle est la thèse toute philosophique qui en dirige l'étude chez La Rochefoucauld et chez Hobbes. « Nos inclinations sont déréglées » depuis le péché d'Adam [1]: voilà l'idée directrice de Malebranche dans son analyse « des inclinations ou des mouvements naturels des esprits ». Nos inclinations sont naturellement bonnes et c'est la société qui les corrompt, tel est le paradoxe de Rousseau. Quelques auteurs, il est vrai, ont écrit sur les inclinations sans être hantés d'une préoccupation religieuse

---

1. MALEBRANCHE, *Rech. de la Vérité*, IV, I, 1.

ou métaphysique. Mais alors, ils se sont contentés d'une psychologie descriptive, encore fortement teintée de moralisme. Leurs classifications, leurs analyses des inclinations sont conçues beaucoup plutôt d'après le rôle individuel ou social, d'après la valeur pratique ou intellectuelle des sentiments, que d'après leur méca- nisme psycho-physiologique. Hume [1], Shaftesbury [2], Hutcheson [3], Jouffroy [4], Ad. Garnier [5] n'ont guère en vue la psychologie générale de l'inclination ; ils ont composé seulement des monographies sur chacune des inclinations particulières, sur l'instinct de con- servation, l'instinct sexuel, l'orgueil, l'instinct d'imi- tation, l'amitié, la tendresse, l'instinct moral, la curiosité, l'instinct esthétique. Selon la distinction si juste établie par M. Th. Ribot [6], ils ont fait ou esquissé la *psychologie spéciale*, et non la *psychologie générale* des inclinations.

C'est cette dernière que nous entreprenons d'étudier ici. Il semble que, dans la psychologie actuelle, règne une fâcheuse confusion entre l'émotion et l'inclination. A l'aide de l'analyse psychologique, et aussi physiolo-

1. D. HUME, *Œuv. philos.*, trad. fr., t. V.

2. SHAFTESBURY, *Caractéristiques ou Essais divers; — Principes de la philosophie morale ou essai sur le mérite et la vertu.*

3. HUTCHESON, *Recherches sur l'origine des idées que nous avons de la beauté et de la vertu.*

4. JOUFFROY, *Mélanges philosophiques; — Droit naturel.*

5. AD. GARNIER, *Traité des facultés de l'âme humaine*, t. I.

6. TH. RIBOT, *Psychol. des sentiments.* Paris,, F. Alcan.

giquo et pathologique, nous voudrions contribuer à délimiter ces deux phénomènes souvent connexes, et pourtant hétérogènes et autonomes.

✶

Il y a trois espèces de sentiments : les inclinations, les émotions, les passions.

On appelle *émotions* les états passagers, les bouffées de plaisir, de douleur, de joie, de tristesse, de colère, de peur, d'angoisse, de dégoût, de remords, d'admiration, etc., et on oppose les émotions aux *inclinations* et aux *passions*. Ces dernières dénominations sont appliquées aux systématisations sentimentales à évolution lente, progressive, inconsciente souvent, tandis qu'on réserve l'appellation d'émotions aux sentiments soudains, explosifs, conscients. Un plaisir est une émotion, et un désir est une inclination; une douleur est une émotion, la crainte une inclination; un mouvement de remords, de repentir, de regret sont des émotions : un remords, un repentir, un regret persistants sont des émotions-inclinations, le caractère scrupuleux est une inclination. Quant au terme de passion, il désigne les inclinations puissantes et prolongées : la crainte habituelle exagérée est une passion, qui s'appelle la lâcheté. Tandis que la colère est une émotion, l'irritabilité est une inclination et la haine une passion.

Nous nous contenterons provisoirement de ces définitions et distinctions sommaires, quittes à les préciser
et à les compléter par la suite.

Les sentiments se présentent souvent à l'état de
tendance, c'est-à-dire d'énergie latente. Cela n'est pas,
d'ailleurs, particulier aux sentiments : tous les phénomènes psychologiques, par exemple les souvenirs, les
idées, sont des forces, et ces forces sont des tendances
dans la mesure où elles sont des réserves énergétiques
disponibles. Avant d'étudier les inclinations, les émotions et les passions, nous exposerons quelques géné-
ralités sur les forces psychologiques actives et latentes.

A l'étude des inclinations nous appliquerons tour à
tour les deux méthodes générales de la psychologie, qui
sont la méthode d'analyse idéale et la méthode d'analyse
réelle. La première est la psychologie générale descriptive [1] : elle consiste, en ce qui concerne les sentiments, à retracer les lois de leur naissance, de leur
développement, de leur déclin, celles de leurs influences
réciproques, leurs relations avec les sensations, les
images, les pensées, les mouvements, les actions. Quant
à l'analyse psychologique réelle ou psychologie expli-
cative, elle consiste en recherches expérimentales et
pathologiques pouvant éclairer le mécanisme intime
des fonctions mentales ; pour ce qui est des sentiments,

1. Par opposition à la psychologie spéciale descriptive (voy. ci-dessus, p. 3).

elle comprend les expériences de la physiologie sur le fonctionnement de la mimique et sur la production des émotions, inclinations, passions, et, d'autre part, les observations cliniques sur les dissociations pathologiques du sentiment.

Pour savoir, par exemple, ce qu'il reste du *moi* d'un sujet atteint d'inémotivité, c'est-à-dire privé de toute espèce d'émotion, il faut observer des malades de ce genre, les laisser agir et parler, les interroger sans leur souffler leurs réponses, faire sur eux des expériences d'investigation et de contrôle. La première précaution nécessaire est de s'adresser à des sujets notoirement privés d'états affectifs. Tel est bien le cas de notre malade Alexandrine; tel est aussi le cas de nombreux psychasthéniques et hystériques.

Chez les hystériques, on doit se méfier particulièrement de la simulation plus u moins inconsciente de l'inémotivité, et il importe de s'abstenir des procédés d'interrogation capables d'induire le sujet à cette simulation. Nous craignons, par exemple, que M. le docteur P. Sollier, dans ses expériences sur les anesthésies suggérées [1], n'ait pas entièrement évité ce danger. C'est artificiellement, par la suggestion hypnotique, qu'il a tenté de réaliser chez ses sujets tantôt l'anesthésie de la peau, tantôt celle de tous les membres à la fois, tantôt l'anesthésie viscérale, tantôt toutes les anesthé-

1. P. Sollier, *Le Mécanisme des Emotions*. Paris, F. Alcan, 1905.

sies viscérales et sensorielles réunies. Mais sur toute
anesthésie suggérée, le doute plane. Il est bien difficile
de savoir comment les sujets comprennent et comment
ils exécutent de pareils commandements. La suppression ou la diminution des réactions, l'allure calme de
la respiration peuvent signifier simplement que le
sujet sait que l'on attend de lui tel ou tel degré de
contention volontaire, sans que véritablement il perde
ou récupère une fonction. Pour connaître le rôle des
sensations internes dans les émotions ou le rôle des
émotions dans le mécanisme des inclinations et de la
personnalité, suggérer l'anesthésie viscérale ou l'inémotivité à une hystérique n'est pas un procédé plus sûr que
ne serait cette suggestion : « Tu n'as plus de corps »,
suivie de conclusions concernant une vie purement spi-
rituelle. Il faut se contenter des anesthésies isolées ou
associées qui se présentent spontanément et dont des
symptômes concomitants permettent de vérifier la réalité.

Or, nombreuses sont les hystériques présentant une
inémotivité fondée sur une anesthésie viscérale vraie,
spontanée, accompagnée ou non d'autres anesthésies,
et qui se trouve contrôlée par des phénomènes concor-
dants. Sous le nom d' « anorexie hystérique », c'est
l'anesthésie viscérale que les médecins ont décrite de
tout temps ; il existe sur cette question une importante
littérature.

Étudiant une hystérique qui classiquement eût été dénommée anorexique, M. Pierre Janet a remarqué que la perte des sensations de la faim peut ne pas s'accompagner du refus des aliments, et que la volonté ou même l'instinct de manger et de boire subsistent parfois en l'absence de la faim et de la soif. Le terme « anorexie » devient alors impropre. M. P. Janet n'en suggère aucun autre ; nous proposons celui d'*inémotivité avec conservation des inclinations*.

On sait, écrit M. P. Janet, que d'autres sensations organiques, celles de la faim, de la soif, du besoin d'uriner, etc., peuvent être absolument perdues. M... reste plusieurs jours sans rien manger ni rien boire et elle n'en éprouve aucune incommodité ; elle se décide à manger et à boire par raison, car elle n'est pas anorexique, mais voici des années qu'elle n'a éprouvé le sentiment de la faim et de la soif[1].

L'ὄρεξις subsiste, mais elle est devenue inémotive. Par raison, et aussi par habitude et par instinct, cette femme continue à manger sans ressentir la faim émotionnelle. Elle n'éprouve plus qu'une faim sans aiguillon viscéral ; elle se sent encore portée à se nourrir, mais c'est par une force affectivement neutre, et comme décolorée. Le besoin conscient, le désir, quoique dépouillé de sa tonalité affective ordinaire, subsiste à l'état d'inclination inémotive.

Nous connaissons des cas fréquents d'anesthésie vis-

1. P. JANET, *État mental des hystériques*, pp. 61-62.

cérale hystérique avec persistance d'inclinations inémotives ; et nous sommes portés à croire qu'un certain
nombre des « stigmates mentaux hystériques », l'inémotivité, la désorientation dans le temps, la dépersonnalisation, la disparition progressive des inclinations,
l'aboulie, etc., sont non pas seulement coexistants,
mais subordonnés à cette anesthésie viscérale, et que
l'étude de l'ordre de dépendance de ces divers troubles,
chez les hystériques ou chez tous autres malades, peut
contribuer quelque chose à la psychologie de l'émotion
et de l'inclination.

PREMIÈRE PARTIE

PLACE DES INCLINATIONS
DANS LA CLASSIFICATION GÉNÉRALE
DES SENTIMENTS

CHAPITRE PREMIER

LES FORCES PSYCHOLOGIQUES

Unité et changement d'un phénomène psychologique. — Les
forces psychologiques actives et latentes. — Une tendance peut
être consciente. — Conflit des forces psychologiques.

UNITÉ ET CHANGEMENT D'UN PHÉNOMÈNE PSYCHOLOGIQUE

Unité, multiplicité, simultanéité, succession, changement, ces notions ont un usage en psychologie comme
en toute science.

Un « état d'âme » a beau être une qualité unique en
son genre, une fusion originale d'éléments, une synthèse
qui transfigure ses matériaux, il ne s'ensuit aucunement
que tout essai de dénomination, de classification, de
mesure soit condamné. L'hétérogénéité ne se rencontre
pas seulement en nous, elle est une donnée fort commune de la nature. Toute réalité, matérielle et même
rationnelle, offre le surgissement d'états inédits. L'évolution plastique d'un tout qui confère à ses parties, en
se les assimilant, comme une essence étrangère, ce
caractère n'est point le propre de la personnalité consciente et de la vie sentimentale. Partout il se retrouve :
dans les organismes vivants, dans les combinaisons

chimiques, voire même dans les réactions mécaniques,
et jusque dans les équations mathématiques. De l'al-
gèbre à la biologie se déroule une hiérarchie de formes
dont chacune est pour les matières inférieures la limite
théoriquement inaccessible et pratiquement atteinte.
Tout aussi bien que l'analyse psychologique, celle d'une
individualité vivante, d'une unité matérielle, d'une
unité mathématique résout son objet en un infini ; et
si, partant de la poussière des composantes, on ne parvient pas toujours à passer spéculativement la limite et
à reconstituer rationnellement la résultante, l'analyse
n'est pas pour cela illusoire et fictive. Il suffit de savoir
qu'en fait le pas est franchi, de constater empirique-
ment les synthèses effectuées, et de situer ces asymp-
totes selon leur ordre hiérarchique. Aucune science
n'est exempte de l'enregistrement passif, les irréducti-
bilités sont, en psychologie comme ailleurs, des données
et non des impossibilités d'avancer.

Souvent le passage d'une qualité consciente à une
autre se fait graduellement ; il arrive que la vie sentimentale procède par modulations continues, par une
conservation du passé et une préexistence de l'avenir
dans le présent. Mais ceci non plus n'est point un obs-
tacle insurmontable à l'analyse ; la même difficulté se
présente en toute science ; pas plus en psychologie
qu'ailleurs, le déroulement progressif et l'emboîtement
ne sauraient empêcher d'apprécier le semblable et le

différent, sinon pour les écarts trop faibles, où le discernement est encore impossible. Que si l'on prend un écart suffisant, alors la différence de deux nuances, de même que par exemple dans le spectre solaire, apparaît sans peine; et l'intercalation des comparaisons permet de pénétrer ensuite dans les intervalles d'abord négligés, et ainsi de mesurer finalement toutes les parties de la gamme. Comme une composition musicale orchestrée, la vie mentale se déroule tantôt simple, tantôt complexe; des traits mélodiques encore inouïs s'élancent, des tonalités se maintiennent quelque temps immuables, des silences se font, des rythmes s'établissent, des répétitions se produisent, une série se ramifie en plusieurs poussées distinctes qui coexistent, s'entre-croisent, interfèrent, fusionnent pour se séparer autrement; ce qui prédominait s'atténue et se poursuit en sourdine, un même développement parfois émerge, parfois plonge, tour à tour soustendant les autres et sous-tendu par eux. Dans cette complexité mouvante, il n'est ni impossible ni illégitime de saisir et de démêler les unités passagères qui se constituent, les évolutions périssables qui naissent, s'influencent réciproquement, se perdent en des formations nouvelles.

LES FORCES PSYCHOLOGIQUES ACTIVES ET LATENTES

Pour définir la valeur des données psychologiques les unes relativement aux autres, les actions mutuelles exercées et subies, il convient de faire appel aux notions d'intensité, de force, d'énergie.

Afin de comprendre les divers aspects de la force, il est avantageux, ici comme toujours, d'avoir recours à la comparaison avec un réservoir rempli d'eau.

Il y a lieu d'envisager :

1° La *quantité d'énergie* ou la *charge*, c'est-à-dire la masse d'eau prise en réserve, et capable de se dépenser soit en bloc, soit en détail, selon la largeur de la voie d'écoulement qu'on lui ouvrira. Un phénomène psychologique tel que l'irritation présente une masse énergétique variable, indépendamment de la manière brusque ou lente, étendue ou limitée dont cette irritation se déchargera.

2° La *tension énergétique* ou le *potentiel*. Il dépend de la hauteur du réservoir au-dessus d'un niveau pris pour terme de comparaison ; par exemple, au-dessus de la bouche par laquelle se dégorge le tuyau d'échappement. Une même quantité d'irritation a une tension ou un potentiel variable, selon la valeur relative attribuée à l'objet pris pour dérivatif ; dépensée sur de la vaisselle de terre, elle fait, par exemple, casser toute une pile d'assiettes, mais si c'est de la porcelaine de Chine qui tombe sous la main, une destruction beaucoup plus limitée suffit à la détente ; déversée sur un adversaire méprisable, elle le crible de horions, tandis qu'à l'égard d'un adversaire considérable, il lui suffit d'un geste ou

d'une injure. Laplace [1] remarque que le plaisir de gagner
une même somme est variable selon la richesse préalable
du gagnant. De même, la grandeur du risque encouru
et l'inquiétude dépendent, d'une part de la probabilité
absolue d'une issue heureuse, mais aussi, d'autre part,
du rapport entre le bien à acquérir et le bien déjà possédé.
Cardan, Spinoza, Bernouilli, plus récemment Fechner [1]
ont étudié la dépendance de l'intensité du plaisir, de la
douleur, de la sensation à l'égard de l'état antérieur du
sujet qui les ressent. Quand l'état précédent était déjà
favorable ou heureux, dit Höffding [3], un plus grand
progrès ne sera pas senti comme un bonheur aussi
grand que si le même progrès avait été obtenu après
un état de douleur ou de malheur.

3° La *résistance*, la *pression*, le *débit*. La résistance
dépend de l'étroitesse du tuyau ; la pression, c'est-à-dire
la force exercée sur une résistance, et le débit, c'est-à-
dire la rapidité de la décharge, dépendent du rapport
entre le potentiel et la résistance. Une colère sans frein
peut s'épuiser d'un seul coup; au contraire l'irritation
contenue, empêchée d'agir, attend son heure ou trouve
des dérivatifs indirects ; enfin, les obstacles et les faci-
lités présentés par la volonté, par les circonstances, par
la crainte des représailles ou tout autres données psy-

1. LAPLACE; *Essai philosophique sur les probabilités*, 6e éd., pp. 27 et
suiv.
2. FECHNER, *Elemente der Psychophysik*, I, pp. 236 et suiv.
3. HÖFFDING, *Psychol.*, 367. Trad. française, Paris, F. Alcan.

chologiques, peuvent ralentir ou accélérer la détente.

4° L'*énergie latente*. C'est une relation entre la charge et le débit. Si l'écoulement est nul, à cause d'une résistance insurmontable, toute la charge reste en réserve, capable de se dépenser au cas où une voie s'ouvrirait. Et quand la résistance est surmontable et qu'une issue petite ou grande se produit, la partie de la charge non encore écoulée à un moment considéré est en réserve, capable de se dépenser au cas où une voie continuerait à être ouverte. En psychologie, les énergies latentes s'appellent *tendances*. Une force psychologique empêchée d'agir actuellement n'est que tendance ; si l'empêchement cesse et que la réserve soit en train de se dépenser, la force se décompose alors en acte et tendance, et il y a tendance tant qu'il reste du disponible.

Nous venons de voir que le sentiment appelé irritation est une force. On doit en dire autant de tout autre sentiment, et même, sans exception, de tout phénomène psychologique. Chaque sensation, chaque image mentale, chaque idée est une force ; c'est-à-dire, elle possède, relativement à d'autres données, une certaine quantité d'énergie, et une certaine tension ; pour agir, elle rencontre certaines résistances de la part de l'organisme et des autres forces psychologiques ; si ces résistances mentales et physiques sont supérieures à la force considérée, celle-ci reste tout entière à l'état de tendance ou d'énergie latente ; si les résistances laissent se dépenser la charge, alors la tendance se détend partiellement ou totalement par des effets sentimentaux, représentatifs, moteurs.

Ces derniers sont les plus faciles à observer et suffisent pour reconnaître que les sentiments même les plus subtils et les idées même les plus abstraites sont des forces.

La réaction motrice provoquée par une sensation est un *réflexe*. Les sensations lumineuses provoquent la constriction de la pupille. Le chatouillement de la muqueuse nasale provoque l'éternuement. L'excitation de la plante du pied provoque des contractions complexes. Celle de la peau du thorax produit le rire spasmodique. La brûlure produit la rétraction réflexe de l'organe brûlé.

Une image toute mentale donne naissance à des réactions motrices, et ces réactions sont analogues aux réflexes suscités par la sensation dont cette image est un résidu, un souvenir. Si l'on se représente intensément, par un effort d'imagination, un vif éclat de lumière, cela peut provoquer la constriction de la pupille. Si l'on se chante en imagination un air de danse, cela donne l'envie de danser et peut provoquer un mouvement rythmé. Ce sont, naturellement, surtout les images motrices qui s'accompagnent d'une ébauche de mouvements : si l'on regarde avec intérêt une lutte, un exercice de trapèze, cela réveille chez le spectateur des souvenirs, des expériences musculaires qui le portent à esquisser les mouvements qu'il voit. Il y a en ce cas suggestion d'un mouvement par le spectacle d'un mouvement, grâce aux images motrices, aux souvenirs musculaires anciens.

Même abstraites, les idées sont des forces motrices, elles donnent lieu à des mouvements, en particulier aux mouvements d'articulation verbale. Toute idée tend à s'extérioriser vocalement, toute pensée tend à être parlée, et lorsque nous pensons dans la solitude, soit personnellement, soit en lisant imprimée la pensée d'autrui, notre larynx esquisse sans cesse une ébauche de prononciation de cette pensée inventée ou lue. La pensée la plus abstraite s'accompagne de rudiments de langage articulé.

Ce pouvoir moteur des sensations, images et idées est exploité par les soi-disant sorciers et liseurs de pensée. Les sorciers, dont le nom primitif est *sourciers*, étaient les chercheurs de sources. Ils se servaient de la baguette divinatoire en coudrier et du pendule explorateur. La baguette s'incline ou le pendule oscille lorsque le devin passe au-dessus d'une source, ou du moins lorsqu'il croit y passer. De même dans les expériences du célèbre liseur de pensées Cumberland. Ce devin prenait la main de quelqu'un, et, les yeux bandés, trouvait l'endroit où cette personne savait un objet caché, trouvait l'action que le sujet voulait lui suggérer, trouvait un nombre que le sujet avait pensé. Il n'était relié au sujet quelquefois que par un fil, et dans d'autres expériences, il n'était nullement relié au sujet. Tous ces faits et beaucoup d'autres du même genre s'expliquent par le pouvoir moteur des représentations. Le sorcier est professionnellement exercé à analyser dans la campagne les indices qui peuvent révéler une source, par exemple, la présence de certaines espèces végétales; sans aucune fourberie, ces idées demi-conscientes impriment à la baguette le soubresaut révélateur. De même, dans la lecture des pensées, le sujet conducteur, sans le savoir ni le vouloir, exécute de légers et précis mouvements indicateurs, offre plus de résistance musculaire ou plus de facilité à la main qui le sollicite, et cela suffit à donner quantité d'indications au devin; et s'il n'y a pas communication par la main ou par un fil, c'est par la respiration et son léger bruit que les signaux s'établissent. C'est aussi ce qui a lieu dans les séances spirites, soit que le fantôme parle, soit qu'il écrive : toujours il y a dans l'assistance une ou plusieurs personnes dont l'automatisme moteur est très développé, et qui peuvent par ailleurs être normales. Inconsciemment, comme les somnambules mais sans dormir tout à fait, elles font ce qu'il faut pour que se produise le petit miracle. Chevreul a imaginé une expérience qui permet à chacun de se rendre compte du pouvoir de l'automatisme inconscient alors même qu'il n'a pas été spécialement cultivé. On prend un fil à plomb ou une montre par le bout de sa chaîne, et, appuyant le coude sur une table, on laisse osciller ce pendule. Si l'on pense avec intensité à une direction vers laquelle on voudrait voir se régulariser l'oscillation, le pendule se met à dessiner des 8, puis adopte la direction souhaitée, et le sujet n'a pas conscience de ses légères impulsions directrices[1].

UNE TENDANCE PEUT ÊTRE CONSCIENTE

La conscience que nous avons d'une force psychologique qui est en nous n'est pas toujours proportionnelle à cette force. Ce qui est conscient, ce sont surtout les écarts de potentiel et les variations brusques de ces écarts, ce sont les variations des résistances, et celles de l'écoulement d'énergie, ce sont les effets produits, et particulièrement les effets moteurs. Mais la

1. Chevreul, *Baguette divinatoire et pendule explorateur*, 1854 ; cf. *Rev. des Deux Mondes*, 1883. — Cf. aussi Féré, *Sensation et Mouvement*. F. Alcan, 2e éd. ; *Travail et plaisir*. F. Alcan, 1894.— R. d'Allonnes, L'ecture de la pensée par un procédé nouveau d'enregistrement des contractions automatiques de la main, *Bull. de l'Instit. gén. Psychol.*, V, 1905, pp. 261-273. — Münsterberg, The motor power of Ideas, *Psychological Review*, I, 441.—Nichols, même titre, *Psychol. Rev*, IV, [critique Münsterberg]. — L. Solomons et G. Stein, L'automatisme moteur dans l'état normal, *Psychol. Rev.*, 1896. [On met entre les doigts du sujet un crayon avec lequel il doit continuellement tracer des barres sur du papier ; en même temps il s'absorbe en une lecture : il lui arrive alors souvent d'écrire des mots de sa lecture]. — Van Bervliet, Images sensitives et images motrices, *Rev. philos.*, août 1897. — Féré, L'infl. de l'éduc. de la motilité volont. sur la sensibil., *Rev. phil.*, décembre 1897.

valeur de la charge accumulée, la quantité d'énergie en
réserve, la tendance peut rester inconsciente. Il ne faut
pas croire cependant que l'inconscience soit essentiellement inhérente aux tendances ; en général elles se
décèlent par des sentiments d'impatience, de malaise,
de trop-plein ; il y a de petites fuites révélatrices, occa-
sionnées par des fissures ou par de passagères défail-
lances des résistances ; elles permettent d'évaluer le
disponible comparativement à l'écoulement. L'inconscience n'est pas plus le propre des énergies latentes
que la conscience n'est l'apanage des manifestations
actives : un important écoulement de forces demeure
inaperçu si la voie s'est élargie par une progression
imperceptible et si tout repère fait défaut. Il est
des passions qui s'ignorent, même parmi celles qui se
satisfont ; et parfois une passion peut plus facilement
s'ignorer satisfaite que réprimée. Au contraire, une
pure tendance est souvent consciente par l'inquiétude,
qui est la perception des fuites ; une haute pression se
trahit souvent par une trépidation résultant de petits
échappements.

CONFLIT DES FORCES PSYCHOLOGIQUES

Quand plusieurs forces psychologiques coexistantes
sont antagonistes, il peut arriver qu'aucune ne prédo-
domine.

Un psychologue français, M. Paulhan[1], a étudié ce phénomène sous le nom d'*arrêt des tendances* ; il a lieu dans la surprise, dans la contrariété et dans la timidité.

La surprise consiste en ce que deux ou plusieurs tendances antagonistes se trouvent brusquement en conflit et s'empêchent réciproquement de poursuivre leur développement. Par exemple, si un personnage masqué entre tout à coup et vient s'asseoir parmi nous sans parler, le cours d'idées que nous poursuivons est brusquement arrêté par des questions que nous nous posons sur ce visiteur mystérieux : voilà la *surprise*.

La *contrariété* est une inadaptation provenant de la difficulté à changer tout d'un coup, à cause d'une modification des circonstances, le point d'application de notre énergie, dirigée déjà dans un sens. Par exemple, vous avez l'idée de faire un voyage, vous en avez combiné le plan, imaginé par avance les étapes : la maladie d'un des vôtres vient renverser ces projets ; il faut brusquement construire des plans nouveaux ; de là une période de désarroi qui est la contrariété.

La *timidité* est une inadaptation qui consiste à ne pas réussir à faire prédominer à propos une tendance sur toutes les autres dans la vie sociale. Le timide

1. PAULHAN, *Les Phénomènes affectifs*. Paris, F. Alcan.

reste tiraillé entre des sentiments opposés ; quand il se décide à parler ou à se taire, il est trop tard.

Nous verrons que ce retard des émotions ou cet arrêt des tendances peut être produit par l'intervention d'un système puissant de forces psychologiques associées, l'instinct de conservation par exemple, ou la volonté, et c'est ce qui a lieu dans les *émotions contenues*.

CHAPITRE II
LES INCLINATIONS

Composition des forces élémentaires : les inclinations. — Inclinations de nature active. — Inclinations de nature intellectuelle.
— Inclinations de nature émotionnelle. — Mutations des inclinations.

COMPOSITION DES FORCES PSYCHOLOGIQUES : LES INCLINATIONS

Les forces psychologiques primaires, que nous avons
jusqu'ici envisagées, donnent lieu, par leur composition, à des formations secondaires, à la fois complexes
et durables, auxquelles sont applicables les notions
d'association et de dissociation, d'affinité et d'incompa-
tibilité, de combinaison, de systématisation, d'organisation, d'assimilation et de désassimilation, d'évolution.

Élargissant un peu le sens d'un terme usuel, nous
proposons d'appeler *inclinations* ces systèmes vivants,
quel que soit leur degré de complexité et leur durée.

Il y a des inclinations innées et indéfectibles, ce sont
les instincts. Par exemple, les réflexes défensifs sont
systématisés de manière à entrer en jeu suivant un
ordre tactique ; ce mécanisme physio-psychologique
s'appelle l'instinct de conservation ; il est si tenace qu'il
agit encore pendant le suicide : par des gestes involon-

taires de sauvetage, l'automatisme se cramponne à la vie lorsque la volonté la détruit.

Il y a, d'autre part, des inclinations partiellement acquises, à demi instinctives. Telles sont l'inclination à marcher et l'inclination à parler; c'est sur la base de dispositions innées que l'éducation construit les mécanismes physio-psychologiques de la locomotion et du langage.

Enfin il y a des inclinations acquises qui ne se rattachent pas à des instincts, à une hérédité, mais seulement aux antécédents personnels de l'individu, et qui sont des habitudes et besoins sentimentaux, intellectuels, actifs qu'il a lui-même contractés. Suivant la vitalité de ces formations psychologiques, et aussi suivant la nature et l'histoire du caractère dans lequel elles évoluent, suivant les circonstances qui modifient ce caractère, ces inclinations individuelles peuvent être durables ou passagères. Elles peuvent se fixer et se perpétuer durant une vie entière, se transmettre peut-être héréditairement et devenir ainsi instinctives et innées chez quelque descendant, ou, au contraire, s'étioler et disparaître après avoir végété pendant un temps parfois très court.

Voici donc une première classification des inclinations, du point de vue de leur durée, selon qu'elles occupent une période courte ou longue dans l'existence individuelle, ou qu'elles dépassent les limites de la vie individuelle en remontant aux ancêtres ou en se transmettant aux descendants.

CLASSIFICATION DES INCLINATIONS DU POINT DE VUE DE LEUR DURÉE

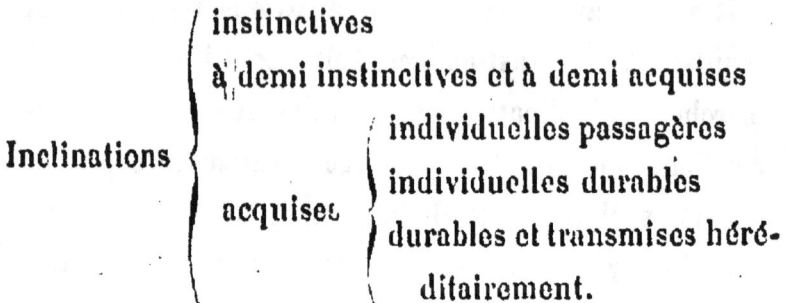

Inclinations
{
- instinctives
- à demi instinctives et à demi acquises
- acquises
  - individuelles passagères
  - individuelles durables
  - durables et transmises héréditairement.

CLASSIFICATION DES INCLINATIONS D'APRÈS LEUR OBJET

Il convient, d'autre part, de classer les inclinations du point de vue de leur objet, ainsi que Descartes l'a indiqué dans son *Traité des Passions de l'âme* : « Il y aurait plus de raison de distinguer le désir en autant de diverses espèces qu'il y a de divers objets qu'on recherche ; car, par exemple, la curiosité, qui n'est autre chose qu'un désir de connaître, diffère beaucoup du désir de gloire, et celui-ci du désir de vengeance, et ainsi des autres... [1] »

Le quatrième livre de la *Recherche de la Vérité* est consacré par Malebranche à la théorie des inclinations. Il y étudie seulement les « inclinations naturelles », et c'est dans les autres parties de son livre qu'il analyse les inclinations acquises, lesquelles, à ses yeux, sont des spécialisations ou des déviations des naturelles. C'est

---

1. DESCARTES, *Traité des Passions*, IIᵉ part., art. 88.

par leur objet qu'il classe les inclinations naturelles. Il en admet trois fondamentales : l'inclination pour le bien en général ; l'inclination pour la conservation de notre être ou de notre bonheur (inquiétude, curiosité, amour-propre divisé en amour de l'être et du bien-être ou de la grandeur et du plaisir) ; enfin, « l'inclination pour les autres créatures, lorsqu'elles sont utiles ou à nous-mêmes, ou à ceux que nous aimons. »

Cette classification s'est transmise, développée, précisée, et voici comment elle est détaillée par Adolphe Garnier, dans son *Traité des Facultés de l'âme humaine* :

Inclinations qui se rapportent à des objets personnels
{
- recherche de l'aliment
- recherche du bien-être corporel
- instinct d'activité physique
- instinct du sexe
- choix instinctif de la demeure
- amour de la propriété
- instinct de construction
- amour des habitudes
- amour instinctif de la vie
- appréhension naturelle
- instinct de ruse
- confiance en soi-même
- émulation
- amour du pouvoir
- amour de la louange
}

Inclinations
qui se rapportent
à nos semblables
{
instinct de société
besoin d'épanchement
goût de l'imitation
docilité
sympathie
attraction particulière
amour
affections de famille
}

Inclinations
se rapportant
à des objets
non personnels
{
amour du bien moral
amour du vrai et du merveilleux
amour du beau proprement dit ou
  du beau sensible
instinct de la pudeur
instinct du sublime, du gracieux,
  de la laideur et du ridicule.
}

Plus psychologique est peut-être la classification proposée par M. le D^r Ch. Mercier[1] :

Senti-
ments
con-
cernant
{
1° la conservation de l'organisme physique
   ou mental

2° la conserva-
   tion de l'es-
   pèce
{
besoin sexuel
sentiment maternel
sentiment paternel
sentiment filial
}
}

1. Ch. Mercier, *The nervous system and the Mind*, 1888, pp. 279-361.

Senti- ments con- cernant (*Suite.*)	3° le bien-être commun	sentiments corporatifs sentiments patriotiques sentiments moraux
	4° le bien-être d'autrui	sympathie bienveillance
	5° des objets dé- passant la sphère de l'u- tilité	admiration surprise sentiments esthétiques sentiments religieux
	6° des rapports abstraits (sen- timents intel- lectuels)	conviction doute perplexité.

Utilitaristes, les moralistes et les psychologues anglais, en particulier Bentham, Stuart Mill, Spencer, ont développé cette conception philosophique, que les inclinations égoïstes sont les plus simples et les plus primitives, que l'expérience, la société, et, selon Spencer, l'hérédité, développent, comme des formations déri-vées, les inclinations égo-altruistes et finalement les inclinations altruistes.

On peut controverser sur ces différents points, et soutenir, par exemple, que les inclinations imperson-nelles ne sont pas moins primitives que les égoïstes, et n'en sont pas dérivées ; on peut contester la place assi-gnée à telle inclination, par exemple à la pudeur dans la classification d'Ad. Garnier. Ce n'est pas dans ces problèmes moraux et philosophiques, bien plutôt que psychologiques, que nous voudrions ici nous engager. Indépendamment de leur caractère inné, acquis, durable, passager, indépendamment de leur objet personnel, social, idéal, et en admettant la légitimité de ces classifications, nous proposerons, en outre, la classification suivante des inclinations, établie d'après leur origine et leur contenu psychologiques, c'est-à-dire d'après la prédominance de l'activité, de l'intellectualité ou de l'émotivité.

CLASSIFICATION DES INCLINATIONS D'APRÈS LEUR NATURE PSYCHOLOGIQUE

Inclinations $\begin{cases} \text{de nature active} \\ \text{de nature intellectuelle} \\ \text{de nature émotionnelle.} \end{cases}$

LES INCLINATIONS DE NATURE ACTIVE

Tout acte, surtout s'il est répété, crée dans l'organisme et dans le système nerveux une disposition, un besoin, inconscient ou conscient, et c'est ce que l'on appelle l'habitude. Considérons tour à tour l'acquisition des besoins d'action et les phénomènes auxquels peuvent donner lieu ces besoins une fois constitués.

L'exercice d'une fonction augmente sa capacité d'ac-

tivité et son exigence d'activité. La répétition d'un
acte le facilite et crée un besoin par l'élimination de la
sensibilité et de l'intelligence. Au début, l'apprenti
novice, pour exécuter convenablement un acte nouveau, est obligé de noter attentivement les différentes
attitudes qu'il donne à ses membres, afin de les confronter avec le modèle proposé. Il est dans un état de
sensibilité attentive et d'intelligence attentive. Or
l'exercice souvent répété permet de relâcher l'attention. Chaque attitude exécutée en arrive à entraîner à
sa suite, automatiquement, l'exécution de l'attitude
qui doit la suivre, et ainsi, progressivement, les mouvements s'appellent les uns les autres selon l'ordre et
le rythme indiqués. Pour marcher, faire demi-tour,
évoluer, garder l'équilibre, saisir et mouvoir les objets
familiers, nous nous en remettons à des habitudes
automatiques qu'il nous a été fort difficile d'acquérir
étant enfants, et notre attention, ainsi libérée des
nécessités de la vie courante, peut vaquer ailleurs.

Les besoins d'action, une fois constitués grâce aux
habitudes motrices, peuvent devenir des sources d'émotion et de pensée. A mesure que le mécanisme se cons-
truisait et qu'il acquérait le besoin d'agir, la sensibilité
et l'intelligence se sont graduellement éliminées ; mais
elles n'y perdent rien, elles peuvent se dépenser
autrement, et l'action même qui les a éliminées peut
indirectement leur fournir mille objets nouveaux. Grâce

à l'automatisme qui lui permet d'aller vite et de ne pas songer à son guidon et à ses pédales, le cycliste peut voir des paysages plus souvent renouvelés. Ainsi les habitudes actives ne font que reculer la pensée et la sensibilité, et au total il n'y a pas déchet, mais bénéfice d'énergie. Les inclinations actives peuvent donc, bien dirigées, laisser le chemin libre et créer des débouchés nouveaux aux inclinations sentimentales et aux inclinations intellectuelles.

LES INCLINATIONS DE NATURE INTELLECTUELLE

Les sensations, images, idées sont susceptibles de former, par association et dissociation, des groupes indépendants et durables. La ténacité d'un système de représentations lui permet d'engendrer des manifestations extérieures telles que paroles et actes, et de s'enrichir d'éléments nouveaux incorporés chemin faisant.

Deux ou plusieurs représentations sont dites associées lorsqu'elles s'évoquent mutuellement. Une image est associée aux sensations qui lui ont donné naissance : si je revois et reconnais un pays , je me rappelle les impressions précédentes que j'en ai eues et qui se sont conservées sous forme d'images mentales. Une sensation est ordinairement évocatrice d'un grand nombre d'images : à l'occasion de chaque expérience actuelle, une multitude de données anciennes surgissent, qui nous permettent de la comprendre. Images et sensations sont évocatrices d'idées, en ce sens que, du fait donné, nous nous élevons, par la comparaison avec d'autres faits remémorés, à des vues d'ensemble, à des classifications, à des conceptions théoriques. Et de même, les idées abstraites n'ont de valeur que si elles ne sont pas isolées, mais associées à des images concrètes qui les illustrent.

Contiguïté, ressemblance et contraste, telles sont, d'après les logiciens et psychologues anglais, les relations en vertu desquelles images et idées se groupent et constituent des systèmes cohérents. Chacun de ces systèmes se comporte comme un petit organisme intellectuel, il se nourrit en s'assimilant de temps en temps des éléments nouveaux, il se défend en entravant l'enregistrement des données qui lui sont réfractaires ; par sa puissance acquise, le système constitué assure la non-association de représentations que certaines circonstances tendraient à lui imposer. Enfin on observe aussi la dissociation d'un système déjà formé, et son partage en plusieurs systèmes secondaires, ou son éparpillement et sa disparition.

La formation et l'évolution d'une inclination intellectuelle telle qu'un idéal, qu'une vocation ou qu'une tournure d'esprit s'explique par des facteurs multiples, l'hérédité, l'imitation, la suggestion, la contagion, l'adaptation au milieu d'une part, et d'autre part la résistance au milieu, l'ennui du connu et du familier, l'attrait du nouveau, l'invention.

Outre ces inclinations intellectuelles générales qui définissent l'attitude d'une intelligence individuelle à l'égard de la vie et du monde considéré dans son ensemble, et qui sont au nombre des grandes lignes directrices d'une personnalité, chacun de nous possède aussi une multitude de petites inclinations intellectuelles particulières qui déterminent sa réaction à l'égard de chaque objet et de chaque être.

Si l'on convient d'appeler inclination tout complexus physio-psychologique durablement organisé, doué d'une vie propre, opérant une série de sélections parmi les matériaux qui lui sont offerts, on dira qu'en toute perception, en tout acte d'attention entre en jeu une inclination. Une lueur rouge aperçue distraitement dans la nuit n'est qu'une sensation brute, qui reste comme détachée, qui ne s'insère dans aucun système cohérent et préexistant de représentations. Cette sensation devient intelligente, c'est une perception, si je reconnais le feu d'un omnibus. Dans ce second cas intervient, pour étiqueter la donnée, un complexus sensorio-intellectuel préalablement établi et maintes fois utilisé, fait de souvenirs visuels, auditifs, moteurs durablement associés et interprétés par une multitude d'expériences, de comparaisons, d'inductions, d'évaluations, de vérifications, de rectifications. Ma notion de chaque objet

familier a toute une histoire ; j'ai comme un dossier
plus ou moins complet le concernant. Documents et
desiderata pratiques sur l'art de m'en servir et de me
comporter prudemment à son égard ; vues sur son utilité
sociale en général ; connaissances désintéressées, scientifiques, linguistiques, etc. ; impressions esthétiques,
anecdotes personnelles ; états successifs par lesquels, de
l'enfance à l'âge mûr, a passé ma conception, voilà le
contenu de mon dossier sur une montre, un omnibus, un
escalier, un chien, un homme, une réalité quelconque à
laquelle je puis avoir affaire. Parfois une donnée vient
à l'improviste compléter ou entr'ouvrir un de mes dos-
siers pour y trouver son étiquette ; en voyant la lueur
rouge, je pense : « C'est tel omnibus », et si je n'en ai
pas besoin maintenant, je passe ; c'est l'attention spon
tanée. Il y a attention réfléchie si, ayant besoin de tel
omnibus, je scrute la nuit en même temps que je com-
pulse un registre mental, pour saisir le premier indice
visuel ou auditif de l'arrivée du véhicule. Des systèmes
persistants de représentations classifiées vivent en nous,
prêts à s'enrichir, capables de se refondre ; toute donnée imprévue y est bientôt repérée, et toute donnée
prévue est anticipée par une récapitulation d'attente.
Un botaniste en promenade détermine d'un coup d'œil
les espèces familières, qui tombent d'emblée dans leur
casier mental ; et sa curiosité des espèces rares tient en
éveil leurs définitions, comme autant de pièges entre-

bâillés, d'images mentales toutes prêtes à se précipiter sur le moindre aspect adéquat. De la même manière nous herborisons sans cesse dans le réel, à l'aide de classifications réceptrices et d'anticipations investigatrices. Mille inclinations intellectuelles dorment ou veillent, appareils enregistreurs et élaborateurs des sensations.

LES INCLINATIONS DE NATURE ÉMOTIONNELLE

Tout autant que les actes et plus encore que les représentations, les émotions sont des forces et des sources fréquentes d'inclinations.

M. Pierre Janet a étudié l'influence dissolvante de l'émotion[1]. Chez les psychasthéniques, une émotion survenant détruit en un clin d'œil un travail de suggestion et de persuasion qui a demandé une semaine. Les associations intellectuelles encore en voie de formation, instables, péniblement construites pièce à pièce s'effondrent, et tout est à recommencer[2]. On peut observer quelque chose d'analogue chez les sujets normaux ; de tout temps on a remarqué la puissance dissociatrice du sentiment en conflit avec la raison et avec la volonté systématiques. Dans le calme de la pensée froide, nous nous faisons une théorie sur la vie, un plan d'existence,

1. P. JANET, *Névroses et idées fixes*, 1898, I ,143 et suiv. (F. Paris, Alcan); *Automatisme psychologique*, 1889, Paris, F. Alcan.

2. P. JANET, *L'Automatisme psychologique*, p. 457.

nous arrêtons nos formules. Survient une commotion affective, et voilà les théories à vau-l'eau. L'émotion, souvent, c'est la nature surgissant au beau milieu de nos artifices, c'est le coup de vent qui éparpille la raison abstraite, la volonté factice.

Mais il n'est pas douteux, d'autre part, que l'émotion, dans des conditions favorables, possède aussi une influence inverse, systématisante, agglutinante[1]. Centre d'association, elle engendre et entretient des processus intellectuels et actifs, des inclinations, des passions, qui peuvent ensuite se libérer d'elle, continuer à évoluer après la disparition de leur initial contenu affectif.

Réservant pour l'étudier plus bas la formation des inclinations émotionnelles ou des émotions-inclinations[2] et le mécanisme des passions inémotives[3], nous allons seulement examiner ici comment une inclination d'origine émotionnelle peut devenir une inclination inémotive.

La transformation de l'émotion en inclination peut devenir totale. Il arrive souvent que, par l'intervention de causes que nous allons analyser, la donnée affective primitive, sur laquelle les formations secondaires ont végété, vient à s'atténuer et à disparaître, si bien que

1. F. RAUH, *De la Méthode dans la psychologie des sentiments*, p. 81. Paris, F. Alcan. « Car si une émotion est d'abord un état, elle est aussi tendance, devenir, germe de sentiments futurs qui déjà s'y annoncent, et que l'on y sent fourmiller. »

2. P. 59.

3. Pp. 68-73.

le complexus restant ne contient plus rien d'affectif et n'est donc plus une émotion, alors que néanmoins il reste doué d'une force active aussi considérable qu'autrefois. On a alors affaire à une inclination inémotive, d'origine émotive. L'affectivité éliminée, l'inclination est restée aussi systématique et aussi énergique; le résidu inémotif de forces intellectuelles et motrices associées n'a rien perdu de sa puissance. Il est des inclinations très violentes, en l'absence des émotions qui normalement leur correspondent ; quand, par l'âge ou l'abus, la capacité affective diminue, les désirs peuvent ne rien perdre de leur force et même s'exaspérer par l'inassouvissement. De là les perversions libidineuses des impuissants.

Quels sont donc les facteurs capables de produire l'élimination partielle ou totale de l'affectivité, tout en laissant intactes la systématisation et l'énergie de l'inclination? Il y en a trois principaux : l'habitude, l'intellectualisation, l'incapacité affective.

1° L'habitude est une source d'inclinations inémotives. C'est un fait bien connu que le temps, la durée, atténue et même anéantit l'émotion, tout en laissant le besoin subsister, et même continuer à s'accroître. On peut observer ce phénomène chez les fumeurs : certains en viennent à n'avoir plus de plaisir à fumer, et pourtant à ne plus pouvoir se passer de fumer[1]. L'inclina-

---

1. RIBOT, *De la méthode dans la psychologie des sentiments.* Paris, F. Alcan, 1899.

tion n'a rien perdu de sa force en devenant inémotive.
A l'amour passion émotionnelle succède souvent l'a-
mour passion inémotive; l'émotion amoureuse émous-
sée, l'union de deux êtres reste parfois tout aussi
profonde et forte. De même pour toutes les émotions-
inclinations et passions émotionnelles : leur portion
émotive peut s'atrophier et disparaître alors que leur
puissance subsiste ou même n'en devient que plus
active.

2° L'intellectualisation est une source d'inclinations
inémotives. L'épuration des sentiments par l'intelligence peut aller jusqu'à les dépouiller de tout caractère affectif et jusqu'à les transformer en inclinations
pures. Cela a lieu parfois dans l'amour platonique ; il
peut s'intellectualiser jusqu'à ne contenir plus rien de
charnel et même presque plus rien d'émotif. Les stoï-
ciens et plus tard Spinoza, Kant, etc., ont employé
l'intellectualisation pour se débarrasser des troubles
émotionnels ; or, il peut arriver que, l'émotion abolie,
pourtant l'inclination, le désir subsiste. A l'inclination
émotionnelle, source d'actes qu'il considère comme tout
au plus conformes au devoir, Kant veut substituer le
pur respect, source d'impératifs catégoriques, c'est-à-
dire le désir intellectuel, l'inclination inémotive intellectuelle, quoique, dans sa terminologie, il refuse
d'employer de telles appellations.

Dans certain cas ces deux premiers facteurs, habi-

tude, intellectualisation, collaborent pour produire, en
partant d'une origine émotive, une inclination inémotive. C'est ce qui a lieu par exemple lorsqu'un jeune
homme, attaché à l'étude dans une première phase par
les punitions ou les récompenses, puis par le désir du
succès, en arrive plus tard à ne pouvoir plus se passer
de travailler intellectuellement, quoiqu'il continue à
n'y éprouver aucun plaisir et que les secours émotionnels extrinsèques ne l'y poussent plus. Parmi les gens
qui ont une vie intellectuelle, beaucoup s'y livrent
comme à un sport, en vertu d'un besoin qui n'a plus
rien d'émotif, bien qu'il soit parfois tyrannique.

3° L'incapacité affective est un facteur d'inclinations
inémotives. L'inémotivité des inclinations peut tenir à
des causes physiologiques, comme cela arrive chez les
tempéraments naturellement apathiques et dépourvus
de sentiments affectifs. Ces personnes que rien n'émeut
peuvent, malgré leur calme, posséder des inclinations
de puissance normale. Certains stoïques paraissent
avoir été tout à fait dépourvus d'émotivité naturelle ;
cela ne les empêchait pas d'être des caractères énergiques. Dans plusieurs maladies, en particulier dans
certaines formes de l'anémie, les malades deviennent
incapables d'émotion ; les émotions les plus fondamentales elles-mêmes peuvent être supprimées : la faim, la
peur, la colère, la tendresse ne sont plus ressenties. Or
il arrive que, tandis que les émotions sont ainsi abo-

lies, les inclinations subsistent. Quelques-uns de ces malades continuent à désirer manger sans ressentir la faim, par raison et parce que l'instinct de conservation continue à agir en l'absence de l'émotion par laquelle il se manifeste d'ordinaire.

Le premier facteur : habitude, et le troisième : incapacité affective, peuvent collaborer ; et c'est ce qui arrive chez beaucoup de vieillards devenus égoïstes et indifférents. Leur indifférence est faite d'inémotivité résultant à la fois de l'usure de la sensibilité affective par sénilité et de son émoussement par accoutumance. Or les inclinations chez les vieillards sont très tenaces, on les appelle vulgairement des *manies* : bien que l'émotivité ait disparu, les inclinations sont plus opiniâtres que jamais.

Les inclinations inémotives sont des sources d'actions. Quelle que soit l'origine d'une inclination inémotive, qu'elle résulte d'une inclination émotive de laquelle l'affectivité a été éliminée par habitude, intellectualisation, apathie, ou qu'elle résulte d'une action fixée par l'habitude, ou enfin d'un ensemble de représentations systématisées, dans tous les cas, l'inclination inémotive est une force qui peut continuer à produire ses effets avec la même régularité, la même promptitude, la même adaptation aux circonstances, la même richesse que les inclinations émotives. Un apathique, au sens d'inémotif, n'est pas forcément un inerte. Il y a des hommes d'action dépourvus d'affectivité : Robespierre, Fouquier-Tinville, Carrier et nombre de révolutionnaires en fourniraient des exemples.

Les inclinations inémotives sont des sources d'émotions. Chez l'homme normal, à côté d'inclinations émotives, il y a un grand nombre d'inclinations inémotives. Ces dernières peuvent devenir des sources d'émotions, tout comme les premières. Ce qui n'était qu'un besoin tyrannique, vide d'émotions, peut, par suite des circonstances, par l'effet de la volonté et d'une culture raisonnée, donner naissance à des sentiments affectifs ; par exemple, la coquette qui finit par être prise à son propre jeu et devient amoureuse ; l'incroyant qui veut croire et qui parvient, selon la méthode conseillée par Pascal, à faire surgir l'émotion religieuse par des pratiques rituelles d'abord toutes mécaniques.

MUTATIONS DES INCLINATIONS

Les empêchements opposés à un besoin instinctif ou acquis ont pour effet de détourner l'inclination vers des satisfactions indirectes, vers des équivalents. Une personne n'a pas trouvé à se marier, malgré une propension marquée à la vie de famille : elle se fait infirmière, elle dépense sur ses malades une tendresse qui préférerait d'autres objets.

Il arrive que l'inclination ainsi détournée se transforme assez profondément pour qu'on doive l'appeler une inclination nouvelle. Après plusieurs années, un bon parti se présente, et notre infirmière refuse de se marier. Le sentiment a définitivement adopté son nouveau cours, les compensations sont devenues des buts, la tendresse qui n'avait d'abord que changé d'objet a fini par changer de nature, et peu importe maintenant de quels éléments elle était faite autrefois.

Un critérium permet de discerner dans les mutations sentimentales la substitution d'une espèce à une autre. On est en présence d'un sentiment nouveau méritant une dénomination propre lorsque, malgré la suppression des digues qui détournèrent le courant initial, il ne reprend pas la voie première devenue libre, car son lit actuel est si creusé, qu'il y reste.

On a souvent démêlé dans la foi des mystiques diverses affections humaines reportées sur Dieu. Mais l'origine première des énergies sentimentales est sans importance, une fois leur orientation établie. L'amour sacré est de l'amour sacré, alors même qu'il a commencé par être un substitut ou un dépit de l'amour profane.

La Rochefoucauld a soutenu une théorie pessimiste des inclinations humaines. A ses yeux, elles sont, soit primitivement soit même universellement, dirigées vers le mal ; les inclinations égoïstes sont la clef de toutes les autres, l'altruisme n'existe pas ou est une formation secondaire, souvent il est du pseudo-altruisme, de l'égoïsme ou hypocrite ou inconscient, et enfin, c'est toujours l'amour de soi qui est la base des inclinations sociales, de la solidarité, de la bienfaisance, et des inclinations idéales, de l'amour du beau et du vrai.

Au fond de cette doctrine misanthropique gît un sophisme. Une sympathie originairement dérivée de l'égoïsme peut être devenue de la vraie sympathie. De l'herbe transformée en chair par la digestion n'est plus de l'herbe, mais de la chair. Les sentiments désintéressés restent ce qu'ils sont, même si le plaisir et l'intérêt ont été leur point de départ.

Dire que l'utilitarisme avilit la vertu en la déduisant du plaisir et que le transformisme animalise l'homme, c'est un faux grief. La bestialité évoluée en humanité est de l'humanité et n'est plus de la bestialité. Ce qui définit une inclination, ce n'est pas la matière première dont elle est faite, c'est sa direction une fois constante, c'est son objet une fois établi.

La lumière est un mode d'énergie original, qu'elle soit faite avec du pétrole, du gaz ou du courant électrique; il faut boire et manger pour que le cerveau pense, mais une pensée, un sentiment ont leur valeur propre, indépendamment de la qualité des aliments. De même une formation psychologique secondaire est irréductible à ses matériaux psychologiques élémentaires. Une sainte aime son Dieu filialement, maternellement et même amoureusement : mais avec quoi peut-elle l'aimer, sinon avec ses sentiments de femme ? leur combinaison mystique est originale, la foi est autre chose que la tendresse filiale, que l'instinct maternel et que l'amour, bien qu'elle puise à ces sources. Et si c'est avec de l'égoïsme que nous faisons du désintéressement, la création n'en est que plus grande.

L'association et la dissociation des inclinations sont régies par des affinités et des incompatibilités variables suivant les natures individuelles, les dispositions momentanées, les circonstances. Lorsque deux inclinations sont nettement opposées, elles ne sont pas pour cela incompatibles, le contraste est source d'associations. Nous verrons, dans la jalousie, l'amour uni à la haine ; l'idéal d'un homme est ce qu'il n'est pas, ce qu'il voudrait être, et souvent même ce qu'il ne peut être, le contraire de ce qu'il est ; il demande au rêve des émotions fictives, complémentaires de ses émotions familières ; il y a des hâbleurs qui sont des matamores dans leurs récits, et des peureux dans la réalité. Quant aux affinités fondées sur l'analogie, elles engendrent l'association d'inclinations de même genre. Par exemple, la peur s'associe volontiers avec la haine, avec l'envie, avec la jalousie, avec la lésine : ce sont là des inclinations défensives. Au contraire l'irritabilité s'associe quelquefois avec la générosité, avec l'ambition, avec la cupidité, c'est-à-dire avec d'autres inclinations expansives[1].

Les inclinations systématisées, que ce soit par contiguïté, par contraste ou par analogie, contribuent à constituer le caractère d'une personne. Par l'effet de leur systématisation, elles tendent d'une part à s'épurer de toute affectivité, à perdre l'acuité de leur résonnance émotive, et d'autre part à devenir de plus en plus exigeantes, à s'ériger en *besoins*. C'est dire que, par la systématisation, les émotions cessent d'être des émotions, pour se transformer en inclinations puissantes, quoique dépourvues de plus en plus de caractères émotifs.

La coexistence et la fusion des inclinations ont été étudiées par Spinoza[2], et plus récemment par MM. Th. Ribot, Fr. Paulhan, P. Sollier[3].

1. AD. GARNIER, *Traité des facultés de l'âme*, 1862, étudie « la liaison de certaines inclinations » (t. I, p. 309). Celui qui est tendre fils est aussi tendre père et ami de l'humanité ; l'amour du pouvoir s'allie volontiers à l'amour de la gloire, à la confiance en soi, au désir de la prééminence ; l'amour du gain, de la bonne chère et des plaisirs sensuels sont souvent associés. D'autre part, des inclinations contraires se font équilibre dans le même individu : l'amour des habitudes est tempéré par l'amour de la nouveauté ; la circonspection tient en respect la confiance en soi et l'instinct d'activité physique ; la ruse modère le besoin d'épanchement ; l'égoïsme est adouci par l'amour des hommes (t. I, p. 315).

2. SPINOZA, *Ethique*, IIIe partie.

3. Conformément à la terminologie que nous avons adoptée, nous emploierons le terme *inclination* pour désigner les systèmes durables de forces psychologiques, alors même que les auteurs exposés usent du terme *émotion*.

Des inclinations différentes, opposées et même contradictoires peuvent se produire simultanément à propos d'un même objet. Par exemple, si nous nous apercevons qu'une personne pour qui nous éprouvions de la tendresse ne nous paie pas de retour, mais témoigne de l'affection à un tiers, nous la haïssons pour son infidélité, tout en l'aimant toujours. Cet état d'amour et de haine simultanés pour la même personne est la jalousie. Il nous arrive aussi de ressentir à l'égard d'un même objet des sentiments contraires d'admiration, et de dépit parce qu'il est hors de nos atteintes, et ce conflit d'inclinations est l'envie. Spinoza analyse un certain nombre de faits du même ordre, sous le nom de *fluctuation*.

M. Ribot[1] a distingué deux espèces de coexistence des inclinations, qu'il appelle la *composition par mélange* et la *composition par combinaison*. La composition par mélange, c'est la coexistence d'inclinations se développant chacune pour son propre compte, sans réagir les unes sur les autres. La composition par combinaison, c'est la fusion des inclinations, de telle sorte que les composantes donnent une résultante qui diffère de chacune d'elles.

M. Paulhan[2] a distingué d'une manière analogue la

---

1. TH. RIBOT, *Psychologie des sentiments*, Paris, F. Alcan.
2. PAULHAN, *L'activité mentale et les éléments de l'esprit*. Paris, F. Alcan.

synthèse imparfaite et la *synthèse parfaite* d'inclinations hétérogènes.

Ern, M. Sollier distingue plusieurs espèces de coexistence des inclinations, qui sont la *simultanéité*, l'*alternance*, la *prédominance*, l'*interférence*, la *neutralisation*. La simultanéité, c'est la composition par mélange de Ribot et la synthèse imparfaite de Paulhan : des inclinations diverses coexistent sans se modifier. L'alternance, c'est l'apparition alternative et perpétuelle de deux inclinations opposées, sans que ni l'une ni l'autre parvienne à s'installer et à prédominer : les gens à caractère inégal ont des alternatives d'affabilité et d'humeur. La prédominance a lieu lorsque, parmi plusieurs inclinations en présence, qu'elles soient simultanées ou alternatives, l'une arrive à l'emporter sur les autres. Interférence, neutralisation et addition correspondent à la composition par combinaison de Ribot et à la synthèse parfaite de Paulhan : l'interférence des inclinations, c'est leur fusion en une inclination résultante ; la neutralisation, c'est le conflit aboutissant à l'indifférence.

HISTORIQUE DE LA QUESTION DES INCLINATIONS INÉMOTIVES

L'existence d'inclinations inémotives a été aperçue par maint psychologue. Mais souvent la question a été posée sous une forme qui paraît défectueuse et que

voici : existe-t-il des états de conscience neutres ou indifférents, c'est-à-dire qui ne soient ni plaisir, ni douleur?

Cette formule manque de précision. Elle contient au
moins deux questions distinctes : 1° Y-a-t-il des moments
où l'impression totale de ce complexus qu'est ma conscience n'est ni agréable, ni désagréable? — 2° Quoi qu'il
en soit sur ce premier point, que l'impression d'ensemble
du complexus conscient soit agréable, désagréable ou
neutre, y a-t-il, parmi les éléments qui le composent,
des sentiments neutres, indifférents?

A la première de ces questions, M. Th. Ribot a
répondu que « tout dépend des variétés individuelles
de tempérament et de caractère[1] ». Il y a des natures
chez qui toute minute vécue a un retentissement de
bien-être ou de malaise, tandis qu'au contraire chez
d'autres personnes la trame de la vie est sans tonalité
agréable ni pénible, les qualités agréables ou désagréa-
bles s'y détachent d'une manière intermittente.

Cette indifférence de l'impression résultante peut
d'ailleurs, quand elle existe, provenir, comme l'a
remarqué F. Bouillier[2], de composantes parmi lesquelles
il y a des plaisirs ou des douleurs, mais neutralisés par
leur antagonisme ou d'une intensité trop faible pour être
remarqués. L'indifférence, dit-il, « recouvre toujours
quelques sensations plus ou moins faibles d'aise ou de

1. TH. RIBOT, *Psychologie des sentiments*, pp. 79-80. Paris, F. Alcan.
2. F. BOUILLIER, *Du plaisir et de la douleur*, p. 214.

malaise, quelques sentiments plus ou moins légers et confus de joie ou de tristesse qui, pour n'avoir rien d'excitant et de vif, n'en sont pas moins réels. »

Cette première question, la réponse de M. Ribot et la remarque de M. Bouillier laissent subsister la possibilité, même au sein d'un état total agréable ou pénible, de processus sentimentaux élémentaires indifférents.

De tels sentiments existent-ils ? Cette seconde question doit, pensons-nous, être à son tour décomposée en les deux suivantes, que nous numéroterons 3 et 4 : 3° Existe-t-il des émotions indifférentes, existe-t-il d'autres tonalités affectives que le plaisir et la douleur? — 4° Existe-t-il des inclinations inémotives, c'est-à-dire à la formation et à l'évolution desquelles ne participent point les émotions, aussi bien indifférentes qu'agréables et que pénibles ?

C'est à notre troisième question que correspond le passage suivant d'Alexandre Bain :

« *Le sentiment en tant qu'indifférence ou stimulant neutre.* — Nous pouvons sentir et cependant n'être ni heureux ni malheureux. Un sentiment peut être très intense sans être agréable ni désagréable ; un tel sentiment s'appelle neutre ou indifférent. Un sentiment bien familier, la surprise, peut servir d'exemple. Il y a des surprises qui nous ravissent, et d'autres qui nous peinent, mais beaucoup ne font ni l'un ni l'autre. Nous sommes réveillés, excités, nous devenons conscients ;

pour le physique, une onde diffuse se manifeste par les traits, le geste, la voix, l'expression orale. L'esprit est arrêté sur un objet, source du sentiment ; si un soudain coup de tonnerre, ou un éclair, excite le sentiment, l'esprit est un moment occupé de la sensation, et oublie les autres objets de pensée. — Presque toute sensation et émotion agréable ou désagréable passe par un moment d'indifférence[1]. »

Nous arrivons enfin à notre quatrième question, après l'avoir dégagée de problèmes distincts avec lesquels elle est ordinairement confondue : existe-t-il des inclinations inémotives ?

Malebranche a écrit sur ce sujet. Une distinction assez nette entre l'inclinaison et l'émotion est formulée dans son *Eclaircissement sur le troisième chapitre du cinquième livre* de la *Recherche de la Vérité*. Cette note est intitulée : « Que l'amour est différent du plaisir et de la joie. » Malebranche fait remarquer qu'il y a parfois plaisir sans amour, et parfois amour sans plaisir. D'autre part, « l'amour, dit-il, demeure en nous pendant les distractions et pendant le sommeil : mais il me semble que le plaisir ne subsiste dans l'âme qu'autant qu'il se fait sentir à elle. Ainsi l'amour ou la charité demeurant en nous sans plaisir ou sans délectation, on ne peut pas soutenir que le plaisir et l'amour ne soient qu'une même chose. » De même, « la douleur est différente de

1. A. BAIN, *Les Émotions et la Volonté*, tr. fr., pp. 13-14. F. Alcan.

la haine, car la douleur subsiste souvent sans la haine »;
et de même enfin, « la tristesse subsiste quelquefois
sans la haine. »

Malebranche reconnaît au reste par ailleurs qu'il est
rare que l'inclination se présente ainsi séparée en fait
de l'émotion. En général, ces deux phénomènes, tout
distincts qu'ils sont, coexistent, leur séparation ne s'observe jamais que partielle : « l'homme n'étant pas un
esprit pur, il est impossible qu'il ait quelque inclination
toute pure sans mélange de quelque passion [émotion]
petite ou grande[1]. »

C'est chez Kant que nous trouvons dans toute sa
précision la distinction entre l'inclination et l'émotion,
et voici la claire définition de l'inclination inémotive :
« L'inémotivité (die Affektlosigkeit) sans diminution de
la force des ressorts moteurs qui nous font agir (der
Triebfedern zum Handeln) est le *flegme* dans une bonne
acception du mot[2].'»

La « faculté de désirer, das Begehrungsvermögen, » se
distingue de l'émotion (Affekt) comme de l'intelligence :
« Toutes les facultés ou capacités de l'âme peuvent être
ramenées à trois, qui ne peuvent plus être dérivées
d'un principe commun : la faculté de connaître, le sentiment du plaisir et de la peine, et la faculté de désirer[3]. »

1. MALEBRANCHE, *Recherche de la Vérité*, l. V, ch. II.
2. KANT, *Anthropologie in pragmatischer Hinsicht*, l. III, § 73, édit.
Kirchmann, p. 165.
3. KANT, *Crit. der Urtheilskraft*, Einleitung.

L'inclination (Neigung) est « le désir sensible habituel »; quand elle est peu ou point disciplinable par la raison, elle s'appelle passion (Leidenschaft). Outre les inclinations et passions naturelles, innées, il en est d'acquises : « Les passions se divisent en *naturelles* (innées) et en acquises ou résultant de la *culture* de l'homme, suivant que l'inclination a l'un ou l'autre de ces caractères[1]. »

Enfin, Kant établit nettement une distinction entre les inclinations et passions émotionnelles, et d'autre part les inclinations et passions inémotives : « Les passions du premier genre sont l'inclination pour la *liberté* et pour le *sexe*, toutes deux accompagnées d'émotion (Affekt). Celles du second genre sont l'*ambition*, la *domination* et l'*avarice*, qui sont accompagnées non de la violence de l'émotion, mais de la constance d'une maxime posée pour certaines fins. Les premières peuvent être appelées *ardentes* (*erhitzte*, passiones ardéntes), les secondes, par exemple l'avarice, froides (*kalte*, frigidae)[2]. »

L'indépendance possible des inclinations à l'égard des émotions est généralement méconnue depuis Kant.

Les inclinations, souvent désignées par le terme *tendances*, sont considérées tantôt comme un produit de l'émotion, tantôt au contraire comme une disposition antérieure à l'émotion, mais ayant l'émotion pour manifestation et pour fin.

1. KANT. *Anthropol.*, éd. Kirchmann, p. 185.
2. *Ibid.*, 185.

La première de ces conceptions est celle de Condillac. Pour lui, le désir est postérieur à l'expérience, « car pour sentir le besoin d'une chose, il faut en avoir quelque connaissance[1] ». « Or, du désir naissent les passions, l'amour, la haine, l'espérance, la crainte, la volonté. Tout cela n'est donc encore que de la sensation transformée. »

La seconde de ces conceptions est celle d'Ad. Garnier : « L'inclination est la disposition à jouir de la présence d'un objet et à souffrir de son absence ; ou à jouir de son absence et à souffrir de sa présence... La disposition à jouir et à souffrir précède le plaisir et la peine[2]. »

Le défaut commun à ces deux théories opposées, c'est qu'elles n'envisagent l'inclination que comme une doublure de l'émotion. Dans la première, l'inclination n'a pas d'autre source que le plaisir et la douleur, dans la seconde elle n'a pas d'autre aboutissement. Or nous avons vu qu'il y a des inclinations de source intellectuelle et d'autres de source active au cours desquelles le rôle des secousses émotives est nul ou effacé.

Rares sont aujourd'hui les auteurs qui aperçoivent les inclinations comme des formations sentimentales sans doute solidaires souvent des émotions, mais pourtant

1. CONDILLAC. *Traité des sensations*, ch. II, § 25. Cf. *Extrait raisonné du Traité des sensations.* Dans les *Œuvres Compl.*, Paris, Dufart, 1803, 32 vol., v. t. IV, pp. 19-22, 72.

2. AD. GARNIER. *Traité des facultés de l'âme humaine.*

autonomes et capables de s'en libérer, de se former et
d'évoluer sans elles.

Nous trouvons chez A. Bain la claire définition suivante
des sentiments auxquels nous donnons le nom d'inclinations inémotives : « Le *sentiment* comprend tous nos
plaisirs et toutes nos souffrances ainsi que cet état d'esprit qui n'est ni agréable, ni désagréable, mais est une
cause d'activité[1]. »

C'est à peu près de la même manière que dans son
livre sur la *Méthode dans la psychologie des sentiments*
M. F. Rauh définit l'inclination inémotive : « Le sentiment d'indifférence a sa vie propre. S'il peut devenir
très doux, très douloureux comme nous l'avons vu, il
peut demeurer aussi un simple sentiment sans émotion,
et cependant puissant, durable, paralyser l'action, donner à la vie psychique une teinte uniforme, caracté-
ristique des moments d'atonie, des natures froides[2]...
A l'état d'excitation correspond le *besoin d'excitation*,
précédé en général sans doute d'un malaise, mais qui
peut se présenter dépourvu de ce caractère affectif qui
se joint à la tendance nue pour constituer le désir. Disposition fréquente chez nos contemporains, qu'emporte
un besoin d'agitation sans plaisir parfois triste. « On
est des gloutons à froid (Lavedan).[3] »

1. A. BAIN. *Les Émotions et la Volonté*, Paris, F. Alcan, 1885, p. 3.
2. F. RAUH, *De la Meth. de la Psychol. d. sent.*, 1890, p. 61.
3. *Ibid.*, p. 65 ; cf. la définition de l'inclination (*tendance*), p. 49.

CHAPITRE III

LES ÉMOTIONS; LEURS RAPPORTS
AVEC LES INCLINATIONS

Les émotions-chocs. — Les émotions-inclinations. — Ajournement et anticipation de l'émotion. — Survivance de l'émotion
à sa cause. — Les émotions fixes. — Addition des émotions. —
Disparition et mutations des émotions.

Les émotions proprement dites ou primaires, non
compliquées de phénomènes actifs et intellectuels
étrangers, sont les émotions-chocs. Les émotions
improprement dites ou secondaires, complexus de
mouvements et de représentations organisés autour de
données affectives, peuvent être appelées inclinations
émotionnelles ou émotions-inclinations.

LES ÉMOTIONS-CHOCS

Ce sont celles que les psychologues anglais appellent
affects, ce sont les secousses émotionnelles instanta-
nées et toutes physiologiques. Telle est l'angoisse
soudaine ou le sursaut de surprise quand on fait
éclater un pétard derrière nous. Telle est encore la

pitié-choc que nous éprouvons lorsque, dans la rue, pensant à autre chose, nous butons nos regards sur un miséreux. On connaît aussi l'amour-choc, l'émotion amoureuse soudaine, le coup de foudre des romanciers. Tous les sentiments peuvent ainsi se présenter à l'état de choc. L'amour maternel se manifeste non seulement sous la forme d'amour-inclination ou de systématisation durable, mais aussi par instants sous la forme d'amour-choc, d'explosion de tendresse ; et de même pour tous les autres sentiments.

Nous croyons que c'est dans les sentiments-chocs qu'il faut chercher les émotions à l'état de pureté, non encore compliquées par des phénomènes étrangers, par des formations psychologiques secondaires. Ainsi que nous le verrons ci-dessous [1], c'est vraisemblablement à des sensations viscérales que les émotions-chocs doivent leur caractère affectif.

On peut esquisser une classification des émotions-chocs. Les secousses affectives viscérales sont en fort petit nombre. On peut distinguer les suivantes :

a) La secousse viscérale affective neutre, indifférente, ni agréable, ni pénible, celle qui est ressentie dans la surprise ;

b) La secousse viscérale plaisir ;

c) La secousse viscérale douleur ;

d) La secousse viscérale angoisse, qui correspond

1. IIe partie.

peut-être à la première, a), plus intense et plus développée.

Chacune de ces émotions-chocs se présente sous plusieurs modalités, selon la région viscérale affectée et
le genre d'excitation. C'est ainsi qu'il y a une angoisse
cardiaque, provenant d'une crise d'arrêt ou de palpita-
tion du cœur, une angoisse respiratoire ou angoisse
d'étouffement, une angoisse sudorique, une angoisse
intestinale, une angoisse vésicale, une angoisse musculaire spasmodique, une angoisse nerveuse d'impatience, une angoisse nerveuse de dépression et de
fatigue, une angoisse nerveuse de vertige[1], etc.

Il existe ainsi une gamme relativement simple d'émotions-chocs toutes physiologiques, et c'est sur cette
base que se développent et se différencient les phénomènes infiniment multiples et complexes ordinairement
décrits sous le nom d'émotions. Nous allons voir comment, sur ces émotions-chocs élémentaires, se forment,
par la combinaison d'éléments sensoriels (vue, ouïe,
etc.), d'éléments moteurs (physionomie, mimique) et
d'éléments intellectuels, les inclinations émotionnelles
ou émotions-inclinations. Mille sensations visuelles,
auditives, mille images, souvenirs plus ou moins
retouchés d'anciennes sensations, mille interprétations

1. Pasch (de Vienne). *Neurologisch. Centralbl.*, janv. 1895 ; *Rev. Neuro-
log.*, 30 janv. 1895. — Hecker, *Allgm. Zeitschft f. Psych.*, LII, fasc. 6,
p. 1167. — P. Hartenberg, *La Névrose d'angoisse*, Paris, F. Alcan, 1902.

et raisonnements interviennent pour élaborer et distinguer, en leur prêtant des timbres divers, ces quelques
tonalités affectives primordiales que nous venons d'énu-
mérer sous le nom d'émotions-chocs physiologiques.

LES ÉMOTIONS-INCLINATIONS

Nous proposons de donner cette dénomination aux
émotions compliquées de formations secondaires, de
superstructures sensori-motrices et intellectuelles éta-
blies sur la base des secousses affectives viscérales.
Ces émotions-inclinations sont des phénomènes mixtes :
affectives par leur base physiologique viscérale, elles
sont, d'autre part, des systèmes persistants de forces
associées. Ce sont ces émotions-inclinations qui ont été
étudiées tantôt sous le nom de « passions de l'âme »
par Descartes, Malebranche, Spinoza, tantôt sous celui
d' « émotions » par James et Lange, tantôt sous celui
d' « inclinations » par Vauvenargues et La Rochefoucauld. Il semble que l'on doive exprimer tout à la fois,
en les appelant « émotions-inclinations », leur aspect
affectif, proprement émotionnel, et leur aspect actif.

Ces divers phénomènes que l'on peut décrire soit
sous leur aspect émotion, soit sous leur aspect inclination, résultent de formations et opérations intellectuelles complexes, dont la tonalité affective provient
d'une donnée physiologique de nature viscérale. Ce

noyau émotionnel primitif, en devenant un centre de cristallisation autour duquel la vie individuelle, sociale, scientifique, artistique, religieuse vient apporter ses stratifications, cette donnée initiale, sous ces influences diverses, se ramifie en excroissances multiples, infinies ; toute une floraison d'émotions-inclinations supérieures se greffe et végète sur la base rudimentaire des émotions organiques.

L'étude de la naissance des émotions, de leur développement, de leur disparition et de leurs transformations montre que si la connexion de l'émotion et de l'inclination est fréquente, leur disjonction est loin d'être rare.

AJOURNEMENT ET ANTICIPATION DE L'ÉMOTION

Souvent une excitation émotionnante ne produit pas l'émotion tout de suite, mais seulement au bout d'un certain temps. Sur le point d'être écrasé par une voiture, on commence par se mettre à l'abri, puis, une fois en sécurité, on tremble rétrospectivement. En présence d'une situation pressante, qui serait aggravée par le moindre désarroi, les inclinations se déploient méthodiquement, à l'état d'inclinations inémotives ; et c'est après coup, alors qu'il n'y a plus d'occasion actuelle, que la seconde partie du phénomène psychologique se produit, et que surgit l'angoisse. Au lieu d'être simultanées, émotion et inclination se sont ici disjointes et se sont réalisées séparément, en deux phases successives.

Quand le danger est dès longtemps prévu, il arrive que la crise émotionnelle ait lieu avant l'événement, d'une manière anticipée, et qu'elle soit si bien terminée au moment où l'action est engagée, que, dès lors, purgées des impedimenta affectifs, les inclinations fonctionnent à l'état inémotif, régulièrement. Selon quelques biographes, c'était avant la bataille que Turenne tremblait ; au premier coup de canon, il retrouvait l'intrépidité. Nous prenons parfois des décisions douloureuses et nécessaires qui, après un torrent de larmes dévorées en secret avant l'acte, s'exécutent froidement, comme elles le doivent, sans attendrissement intempestif.

Il y a des caractères peu émotifs chez qui le sang-froid est l'inémotivité naturelle des inclinations ; chez les sujets émotifs, le sang-froid consiste à assurer l'inémotivité des inclinations au moment opportun par l'ajournement ou par l'anticipation de la crise émotionnelle, rejetée hors de l'action, soit après, soit avant.

Nous venons d'envisager la disjonction utile de l'émotion et des inclinations. Mais il arrive que la disjonction se produise mal à propos, alors que l'émotion pourrait et devrait être ressentie sans ajournement ni anticipation.

Un artiste trop raffiné ne se laisse pas prendre sim-

plement par la vie; chasseur de documents, il épingle
chaque impression dans sa mémoire et aussitôt s'en
détourne, en quête d'une autre trouvaille; quand vient
le dépouillement de la collection, elle est fanée, le spon-
tané s'en est allé, il ne reste à savourer que de l'imaginaire, de la littérature.

Inversement, si nous escomptons un plaisir, si par
avance nous le vivons et le revivons en pensée, l'imaginaire ici encore peut tuer le réel. Quand vient l'heure
rêvée, il ne reste plus que le désir cérébral, que l'inclination inémotive, qui s'exaspère en vain, repue de songes,
impuissante à déclancher la vibration physiologique.

SURVIVANCE DE L'ÉMOTION A SA CAUSE

Nous avons vu que l'inclination subsiste souvent et
continue d'évoluer après la disparition de l'émotion
connexe, et qu'inversement l'inclination peut exister
déjà et agir avant l'apparition de l'émotion. De même
l'émotion peut survivre à l'inclination. Les perturba-
tions émotionnelles une fois suscitées ne peuvent s'arrêter d'un seul coup, et, si leur cause est brusquement
supprimée, elles se prolongent au delà. Un homme est
en colère; pendant que la crise bat son plein, un télé-
gramme vient lui ôter tout motif de mécontentement:
néanmoins la colère persiste parfois, sous forme de
mauvaise humeur.

L'émotion persistant à vide, privée de soutien par l'abolition de l'inclination, tend, pour se maintenir, à créer une inclination nouvelle. L'émotion est une force ; une fois constituée, elle a une vie propre ; dépouillée de ses aliments initiaux, elle sait en trouver de nouveaux et se conserve un temps plus ou moins long en organisant un nouveau rudiment d'émotion-inclination. Celui dont la mauvaise humeur n'est plus justifiée trouve des prétextes, récapitule tout ce qui pourrait l'irriter.

LES ÉMOTIONS FIXES

Tandis que certaines émotions s'émoussent à l'usage par la répétition, par la systématisation, et peu à peu se transforment en inclinations pures, d'autres émotions demeurent intactes, toujours aussi vives et aiguës. Elles constituent même parfois des émotions fixes comparables aux idées fixes. Telle est l'extase chez le mystique, l'émotion musicale chez le mélomane, et en général l'émotion de prédilection chez tout passionné. Par systématisation dans ce cas, par pauvreté sentimentale dans d'autres, il y a des gens qui n'ont pas à leur disposition une riche gamme émotionnelle, et qui sont incessamment la proie d'une émotion intense, mais monotone, que la fréquente répétition ne saurait affaiblir : certains caractères ne possèdent, comme réaction émotionnelle, que la colère, d'autres la peur, d'autres

l'angoisse à tout propos. Même chez les sentimentalités
riches en nuances, la vie n'atténue pas également toutes
lés émotions, il en est souvent de fondamentales, caractéristiques essentielles de l'individu, qui gardent leur
vivacité première.

ADDITION DES ÉMOTIONS

Des émotions simples, hétérogènes, et dont les causes
sont indépendantes entre elles, peuvent, à elles toutes,
donner lieu à une crise émotionnelle intense. Une série
de fatigues, de petites préoccupations, de petits désap-
pointements, peuvent engendrer l'exaspération. A la
suite de cent minuscules contrariétés accumulées peut
éclater un accès de désespoir.

DISPARITION ET MUTATIONS DES ÉMOTIONS

Nous avons noté la ténacité de l'émotion : par ses
propres moyens, elle se conserve et s'alimente quelque
temps même après que sa cause initiale n'existe plus.
Mais une crise émotionnelle a une durée forcément
limitée par la fatigue qu'elle occasionne, et par les
obligations de la vie, qui viennent mettre un terme au
moins momentané à l'affectivité oisive.

D'autre part, la répétition d'une émotion produit
souvent une habitude. Cette habitude consiste en ce
que les représentations accompagnant l'émotion, en ce

que les images, souvenirs, rêveries, raisonnements qui
lui font cortège alors qu'elle est neuve et fraîche, peu
à peu cessent d'être aussi riches et aussi actifs, s'appli-
quent progressivement à des objets de plus en plus
restreints et d'un moindre caractère affectif. Par l'accoutumance, la variété de l'émotion s'appauvrit et son
intensité s'émousse. L'étranger ressent le pittoresque
d'un pays, mais l'habitant se place au point de vue
utilitaire, il se plaint du chemin accidenté et du sol
rocailleux.

La disparition soit momentanée, soit durable d'une
émotion est souvent une mutation de l'émotion en des
phénomènes psychologiques dérivés et qui en sont
comme la monnaie. Ce phénomène a été étudié par
MM. Pierre Janet et Fr. Paulhan. L'énergie qui ne
s'est pas dépensée en émotion se retrouve sous d'autres
formes, employée à des rêvasseries, à une stérile agitation mentale et physique.

CHAPITRE IV

LES PASSIONS ;
LEURS RAPPORTS AVEC LES INCLINATIONS

Origine des Passions : 1° passions émotionnelles ou passions de
volupté et de souffrance ; 2° passions de tête ; 3° passions d'action. — Développement des passions. — Coexistence, interaction, déclin, transformation des passions. — Rapports entre la
passion et la volonté.

Les passions sont des poussées sentimentales assez
durables et puissantes pour systématiser la totalité ou
une partie importante de l'individualité. Elles doivent
être distinguées d'une part des inclinations, d'autre part
des émotions.

La relation entre la passion et l'inclination est cou-
ramment exprimée comme suit : la passion est une
inclination hypertrophiée, qui détruit ou absorbe toutes
les autres, et tend à unifier l'individualité par son exclu-
sivisme ou par sa prééminence. Leur tyrannie, l'étendue de leur système au sein de la personnalité distingue
les passions des inclinations ou besoins, les uns instinctifs, les autres acquis, qui cohabitent, multiples,
indépendants dans une certaine mesure, chez ceux qui
ne sont pas passionnés.

D'autre part, les passions se distinguent des émotions, c'est-à-dire des bouffées passagères de peur, de colère, de dégoût, d'admiration, etc., par leur longue durée et par leur richesse de constructions imaginatives patiemment accumulées, ou d'actions orientées dans une direction constante.

Ce sont surtout les passions émotionnelles qui ont été étudiées par les psychologues, bien qu'il existe aussi, comme nous allons le voir, des passions inémotives. C'est aux passions émotionnelles, aux passions de volupté et de souffrance, que s'applique cette définition donnée par M. Th. Ribot[1] : « La passion est une émotion prolongée et intellectualisée », et cette définition analogue formulée par M. F. Rauh[2] : « On appelle *passions* les tendances qui naissent, selon l'expression de Bossuet, à la suite d'un plaisir ou d'une peine sentie ou imaginée. »

Il y a, pensons-nous des passions auxquelles ne s'étend pas cette définition : nous les appellerons les passions de tête et les passions d'action.

Nous étudierons l'évolution des passions et leurs rapports avec la volonté ; et toujours nous verrons se confirmer cette proposition : l'émotion n'est pas indispensable à la formation, à la persistance, à la puissance active des systématisations sentimentales. Si l'émotion

1. Th. Ribot, *Essai sur les Passions*. Paris, F. Alcan, 1907.
2. F. Rauh, *Méthode dans la psychol. des sentiments*, p. 56.

joue souvent le rôle de force organisatrice, si c'est dans bien des cas autour d'elle que se constituent les complexus passionnels, il y a d'autres forces attractives que les émotions, d'autres centres autour desquels s'organise fréquemment là passion.

ORIGINE DES PASSIONS

L'origine d'une passion peut être affective, intellectuelle ou active.

Les passions d'origine affective pourraient être appelées les *passions de volupté* et les *passions de souffrance ;* ce sont celles qui résultent de l'attrait d'un plaisir ou d'une joie, de la répulsion d'une douleur ou d'une tristesse ; c'est à elles que conviennent les définitions de MM. Th. Ribot et F. Rauh que nous venons de citer.

Il y a, d'autre part, des passions d'origine intellectuelle, des passions cérébrales, nées d'images, d'idées, de raisonnements et non d'émotions. En augmentant l'extension d'une locution usitée, nous les appellerons les *passions de tête.* Beaucoup d'amours ou de vocations irrésistibles entre quinze et vingt ans sont des passions de tête, tout artificielles. Des passions de tête beaucoup plus profondes et plus durables se développent chez les natures idéalistes. L'amour mystique, qu'il soit religieux ou profane, revêt volontiers une forme philosophique, intellectualiste, bien distincte de sa forme émotionnelle. Parmi les maladies mentales, il en est qui

sont des passions de tête morbides, des délires de tête ;
il y a des raisonneurs (*paranoïaques*) qui arrivent à l'aliénation sans y être conduits par des hallucinations ou par
aucun trouble sensoriel ni corporel, mais simplement
par excès de raisonnement, par un besoin de tout interpréter, de tout systématiser; ils deviennent des théories vivantes. On rencontre de ces délires de tête parmi
les délires de persécution et parmi les délires mystiques.

Il y a enfin des *passions d'action* : ce sont celles qui
ont pour origine le besoin de dépenser une puissante
énergie, de déployer une personnalité née dominatrice,
sans que les constructions intellectuelles, ni les attraits
et répulsions affectifs interviennent comme véritables
sources. Telle est l'ambition chez les grands conducteurs d'hommes; Napoléon était un passionné d'action,
et non un théoricien ou un voluptueux.

Que l'origine d'une passion soit émotive, intellectuelle
ou active, elle peut être lente, insidieuse, précédée d'une
période d'incubation, ou au contraire brusque, explo-
sive, en « coup de foudre ». Souvent le coup de foudre
est illusoire, il a été inconsciemment préparé par des
apports progressifs, par des essais inaperçus, par une
construction ignorée. Mais il peut être réel. Sans modification récente préparatoire, la structure sentimentale
d'une personne peut se trouver spécialisée et sans
emploi, de sorte que la première excitation adéquate
est une révélation. Au premier spectacle d'une salle de

jeu, au premier choc sympathique ressenti pour quelqu'un qu'on n'avait jamais vu, au premier tableau de
maître qui tombe sous les yeux, se produit alors une
adhésion instantanée et totale de l'individualité profonde. Le coup de foudre est le déclenchement soudain
d'énergies passionnelles latentes, parfois innées.

Une passion ne reste pas toujours liée à son origine
émotionnelle, intellectuelle ou active. Il y a une dissociation sentimentale, analogue à la dissociation des
représentations. La passion peut survivre à l'émotion,
à la représentation, à l'action qui en est la source. Le
phénomène initial qui a engendré une passion ayant
disparu, il peut arriver que la passion n'en existe pas
moins. En général la mort d'une personne aimée
entraîne, à échéance brève ou longue, l'oubli, la mort
de l'amour comme de son objet; mais l'inverse peut se
produire, il arrive que l'objet de la passion ayant disparu, la passion s'idéalise et s'exalte : c'est le cas des
veufs inconsolables, d'Auguste Comte vouant à sa fiancée
morte un culte religieux [1].

DÉVELOPPEMENT DES PASSIONS

Étudions tour à tour l'épanouissement des passions
de volupté et de souffrance, des passions de tête et des
passions d'action.

1. V. G. DUMAS, *Psychologie de deux Messies positivistes : Saint-Simon
et Auguste Comte.* Paris, F. Alcan.

Quant à l'épanouissement des passions émotionnelles, il y a lieu de considérer d'abord la prédisposition, l'émotivité initiale; chacun n'est pas enclin à contracter une passion de volupté ou de souffrance, c'est affaire de tempérament. La période de débu! est une période de désirs ou d'aversions; elle est suivie d'une période de satisfactions amoureuses ou haineuses; à son tour vient une période de lassitude, de déclin ou de transformation. La passion s'éteint, et fait place à une autre passion émotionnelle, ou à une passion de tête, ou à une passion d'action, ou enfin à un état de vide, de dispersion sentimentale et de ruines, l'*ennui* des passionnés dont la passion est morte et n'est remplacée par rien. Les moralistes ont souvent observé que la jeunesse est l'âge de l'amour, et la maturité celui de l'ambition : aux passions de volupté et de souffrance, il vient souvent un moment où se substituent les passions d'action.

L'évolution d'une passion de tête suppose de même une prédisposition : tout le monde n'est pas apte à faire une passion de tête; il faut, pour cela, être un raisonneur, un esprit abstrait et artificiel, ou encore un inquiet, un scrupuleux, un orgueilleux. La première période de l'évolution d'une passion de tête est une période d'*interprétations*. Le futur passionné voit partout des indices ou des intentions, il note mille détails qui lui apparaissent comme hautement signifi-

catifs, et qui le persuadent que tout le monde lui en
veut, ou que tout le monde l admire, ou qu'il a telle
vocation, ou qu'il est amoureux, ou qu'il est aimé, ou
que la grâce divine est en lui, etc. La seconde période
pourrait être appelée la période d'organisation ou de
cristallisation. Les milliers d'interprétations isolées peu
à peu convergent, le passionné arrive à se forger une
idée générale. Dans le délire des persécutions, le méfiant
trouve, derrière les méchancetés qu'il a cru observer,
une cause unique, une machination ourdie contre lui
par un groupe de persécuteurs ou par un ennemi qui
est le meneur principal. Schopenhauer crut que tous
les professeurs de philosophie allemands s'étaient con-
certés pour ne pas lire ses écrits. Dans les amours de
tête, cette période est une période d'idéalisation : la
Béatrice de Dante, la Laure de Pétrarque sont certainement supérieures à la Béatrice et à la Laure véritables ; de même dans ces amours de tête posthumes
et inconsolables après la mort de leur objet, le défunt
est idéalisé. Les passions de tête peuvent croître et
s'exalter indéfiniment et démesurément, parce qu'elles
sont de pures constructions d'idées. Les données les
plus inattendues s'incorporent au système et lui donnent une extension toujours plus vaste. Toute la poésie,
toute l'histoire, toute la théologie, toute la nature,
l'humanité entière, synthétisée par un créateur de
génie, viennent cristalliser en strophes lyriques et

épiques autour de l'image d'une femme. Toute la critique scientifique et philosophique du xix⁰ siècle, toutes
les méthodes mathématiques et expérimentales, tout
le système positiviste vient se grouper en symboles
mystiques autour de la Clotilde d'Auguste Comte. Les
grands persécutés finissent par amalgamer à leur petite
histoire personnelle tout ce qu'ils lisent dans les jour-
naux, depuis les faits divers jusqu'aux discussions par-
lementaires, aux guerres et aux traités.

Pour retracer l'évolution des passions d'action, il
faut commencer par envisager, comme toujours, le ter-
rain, le tempérament : il y a des gens naturellement
inertes, d'autres naturellement actifs. Ces derniers
attribuent moins d'importance aux émotions et aux
idées qu'aux actes. La période de début des passions
d'action est un mélange d'émotion et d'action. C'est en
général par des attraits affectifs que nous sommes
induits à systématiser et à extérioriser notre énergie
active. C'est d'abord en vue d'un avantage, d'un plaisir,
d'un intérêt ou en vue de la gloire que l'on se soumet
à un entraînement ; et enfin il vient un moment où cet
entraînement est lui-même le but, et où on ne cherche
plus que l'action pour l'action. Chez les grands ambitieux, la passion d'action peut se constituer d'emblée,
sans préambule émotionnel.

COEXISTENCE, INTERACTION, DÉCLIN, TRANSFORMATION
DES PASSIONS

La simultanéité de deux passions chez un même individu est un phénomène rare. Exceptionnellement, deux
ou plusieurs passions coexistent : il y a des ivrognes
qui sont joueurs, des passionnés d'études, d'art, des
ambitieux (Gambetta) qui sont aussi des amoureux. Si
l'on y regarde de près, on découvre, en pareil cas, sous
les deux passions apparemment indépendantes, une
même inclination fondamentale, si bien qu'en réalité la
passion est une, et que seuls ses objets sont multiples.

La passion consiste dans l'unification plus ou moins
complète de l'individualité par une inclination puissante, exclusive, véritable inclination-fixe, qui subjugue
ou anéantit toutes les autres ; tous les sentiments antérieurs s'incorporent à une passion forte ou sont neutralisés. La passion est souvent égoïste ; beaucoup de passionnés n'ont plus de sentiments amicaux, familiaux,
sociaux, soit que ces sentiments aient été détruits, comme
chez certains mystiques qui réussissent à « mourir au
monde pour vivre en Dieu », soient qu'ils aient été détour-
nés et assimilés par la passion : on a quelquefois montré
que l'amour religieux des grandes saintes était formé de
l'ensemble des sentiments féminins reportés sur Dieu ;
c'est en épouses et c'est en mères qu'elles l'ont aimé [1].

1. Voy. ci-dessus, pp. 43-45.

De là aussi résulte l'illogisme de la passion : on ne raisonne pas avec elle. Les tendances intellectuelles qui constituent la raison sont détournées à son profit et faussées. Le passionné a une logique spéciale et sophistique[1]. Une jeune mère dit volontiers en voyant passer des mères avec leurs enfants : « Chacune de ces femmes se figure que son enfant est le plus beau : voilà bien l'illusion maternelle, elles ne savent pas que le plus beau, c'est le mien. »

Une passion même violente et durable n'a généralement pas une intensité constante tout le long de son histoire. Elle est d'ordinaire entrecoupée de périodes de calme, de lassitude, d'apathie. Ces rémissions de la passion ont été appelées, par les mystiques parlant de la passion religieuse, les périodes de *langueur*, de *tiédeur*, de *sécheresse*, d'*abandon*. Ce phénomène n'est pas particulier à la passion religieuse, toutes les passions peuvent présenter de l'intermittence.

La substitution ou le contre-balancement des passions a été étudié par Spinoza dans le troisième livre de son Éthique. Une passion qui disparaît ne fait guère place à un état neutre, mais plutôt à une passion contraire. Si l'on cesse d'aimer une personne, il arrive que ce soit pour être à son égard indifférent, mais c'est rare; en

---

1. V. à ce sujet Th. Ribot, *La logique des sentiments*. Nous avons donné quelques curieux exemples de logique sentimentale dans notre *Psychologie d'une Religion*, v. en particulier, pp. 13, 20, 207, 210, 263.

général, c'est pour la haïr, et plus grand a été l'amour, plus grande est la haine, car l'amour consistait en une multitude d'inclinations systématiques, et une fois ce système rompu, voilà des énergies inemployées ; pour se dépenser, en général elles se retournent, se systématisent en sens inverse ; c'est de l'étoffe de l'amour que cette haine est faite. Inversement, si nous avons pour une personne de la haine et que cette haine vienne à disparaître, souvent elle se transforme en amour : l'amour naît plutôt de la haine que de l'indifférence et de l'inattention.

Il arrive que ces deux types contraires de systématisation des inclinations : amour, haine, alternent périodiquement, rythmiquement à l'occasion d'un même objet, si bien que la même personne, par exemple, devienne une série de fois objet d'amour et objet de haine. Ce phénomène a été noté par les moralistes qui ont parlé des contradictions de la passion ; les romanciers en ont quelquefois tiré parti et quelques-uns ont su montrer les alternatives d'amour et de haine dans certaines passions tumultueuses. Musset et Georges Sand les ont vécues et décrites.

RAPPORTS ENTRE LA PASSION ET LA VOLONTÉ

Pour étudier cette question, il faut considérer tour à tour l'influence de la passion sur la volonté et l'influence de la volonté sur la passion.

La passion peut exercer sur la volonté une influence dissolvante, une influence tyrannisante ou une influence organisatrice. Il arrive qu'une passion surgissant rompe l'organisation d'une volonté préexistante. Il y a des gens qui, pris d'une passion, son désemparés, abouliques, à vau-l'eau. Dans d'autres cas, la volonté n'est pas dissoute par la passion, mais elle est entraînée, subjuguée. La volonté continue alors à être systématisée et aussi puissante qu'autrefois, mais elle n'est plus libre, impartiale, elle est complice. Le caractère commun des passions dissociantes et des passions tyrannisantes, c'est d'appauvrir, de dégrader la personne, en la livrant à l'automatisme. Aussi sont-elles flétries par les moralistes, qui les appellent des vices, des mutilations de nous-mêmes.

Mais il y a, par contre, des passions systématisantes, organisatrices, qui sont de belles passions, des passions nobles, des vertus. Telles sont les passions intellectuelles chez les savants, lettrés, artistes créateurs, les passions philanthropiques des apôtres. Elles n'appauvrissent pas l'individualité, mais au contraire l'enrichissent, multiplient ses énergies et les groupent. Il advient même que, surgissant dans un caractère jusqu'alors aboulique, dépourvu de volonté naturelle, la passion crée dans ce caractère quelque chose qui ressemble à une volonté, qu'elle l'organise, l'oriente, lui prête une énergie de décision.

Qu'elle soit vice ou vertu, qu'elle opprime ou féconde,

ce n'est pas seulement aux émotions, c'est aux forces psychologiques élémentaires et aux inclinations de tout ordre, inémotives aussi bien qu'émotives, que la passion emprunte sa puissance : pour ravager et pour créer, la passion n'a pas besoin de l'émotion.

Le plus souvent, la passion surgit dans un caractère doué d'une certaine dose de volonté et de résistance. Alors la systématisation passionnelle forme comme une volonté nouvelle ou une pseudo-volonté en face de la volonté proprement dite, d'où lutte entre ces deux forces. Que peut la volonté réfléchie proprement dite sur cette volonté indocile qu'est la passion ?

La volonté réfléchie influe sur la passion de deux manières, soit pour créer, susciter, entretenir, développer une passion artificiellement, soit au contraire pour réprimer et supprimer une passion. Étudier ces deux mécanismes de création et de répression volontaires d'une passion, c'est étudier les deux questions des *passions volontaires* et des *remèdes à la passion*.

Les passions suscitées et développées volontairement ont déjà été étudiées plus haut, ce sont les *passions de tête*; et la discipline savamment organisée pour cultiver la passion s'appelle le mysticisme. Le mysticisme existe surtout en amour et en religion. En amour, il est l'exaltation romanesque, que l'on peut étudier dans les amours littéraires tels que celui de Pétrarque, celui de Dante, ou dans les amours en partie littéraires, tels

que celui de G. Sand et A. de Musset. A diverses
époques il y a eu de véritables épidémies d'amour mystique et littéraire. Au temps des Précieuses, une tendresse à métaphores géographiques était à la mode ;
au temps des Romantiques, on préféra au tendre le
sublime et le tragique. Quant au mysticisme religieux,
lui aussi a ses crises contagieuses et ses codes, sa carte
du Tendre et son dramatique. La mystique religieuse
est enseignée dans des manuels d'entraînement, où
sont méthodiquement distingués et ordonnés une
série d'exercices progressifs constituant les degrés de
l'Echelle Mystique. Empruntons un exemple à la mystique bouddhique. Dans son Sermon de Bénarès, le bouddha
retrace les huit étapes de l'entraînement : « C'est cette
route simple à huit divisions qui s'appelle : croyance
droite, résolution droite, parole droite, acte droit, vues
droites, effort droit, pensée droite, méditations droites.
Tel est, ô moines, le chemin intermédiaire que le par-
fait a distingué, qui conduit au repos, à la connaissance,
à l'illumination, au nirvâna. » La mystique chrétienne
possède une collection de manuels comparables. Suivant les époques et les milieux, des *Ennéades* de Plo-
tin à l'*Imitation de Jésus-Christ* et aux *Exercices spiri-
tuels d'Ignace de Loyola*, elle a seulement modifié plus
ou moins sa terminologie et sa description des étapes
de l'ascension vers Dieu.

Ce n'est pas seulement par l'émotion que la discipline mystique suscite et exalte la passion. Les attendrissements, les effusions, les élans ne sont pas ses plus efficaces procédés. Le saint et l'amoureux idéaliste font surtout appel aux forces psychologiques inémotives, à l'habitude, à la puissance d'un rite mille et mille fois répété, à l'association des idées et des actes, aux inclinations instinctives, à des inclinations factices et tenaces, indépendantes des émotions.

Les moralistes se sont efforcés d'indiquer des remèdes à la passion. Ils sont de deux espèces : émotifs et inémotifs ; et ce sont souvent les seconds qui sont les plus puissants.

Supprimer les secousses émotionnelles est un remède insuffisant : une passion ne se nourrit pas seulement d'émotions, mais aussi de constructions imaginatives, d'associations inconscientes, d'habitudes pratiques. Pour affaiblir le désir, il faut agir sur les systématisations inémotives, intellectuelles, actives, au moins autant que sur les joies, peines et angoisses. Les passionnés libidineux deviennent encore plus impulsifs et plus pervers lorsque l'âge ou l'usure les frappe d'incapacité à la volupté. Pour guérir une passion mauvaise, il faut rompre des formations psycho-physiologiques complexes, dissocier un organisme qui se défend, et dont la cohésion, la vitalité ne sont pas sous la seule dépendance des phénomènes affectifs.

Ici comme toujours, les remèdes curatifs, ayant pour

but le traitement d'une maladie existante, ne sont pas sûrement efficaces. Mais il y a aussi des remèdes préventifs pour prémunir contre les passions. Il y a une éducation préalable, capable d'armer contre la passion. Elle concerne en particulier les caractères prédisposés à la passion, c'est-à-dire les enfants impressionnables et imaginatifs, à tendances constructives et systématisantes. Il faudrait trouver les moyens de faire d'eux des individualités normales, de telle sorte que l'émotion et l'imagination trouvent chez eux une volonté, et surtout des habitudes et des inclinations avec qui compter.

* *

Nous conclucrons cette étude descriptive des inclinations, des émotions et des passions par cette constatation qu'il existe des sentiments inémotifs; que l'absence d'états affectifs n'empêche pas la conservation, la systématisation, la puissance active des représentations; que sans intervention d'émotions, les idées et les actes peuvent s'organiser stablement en inclinations et en passions capables d'influencer efficacement la conduite; que les phénomènes représentatifs et les habitudes actives, tout aussi bien que les émotions, sont des forces psycho-physiologiques, et peuvent, sans le secours des forces affectives, se composer en des complexus solides, s'extérioriser en des manifestations automatiques et réfléchies.

DEUXIÈME PARTIE

RÔLE DES INCLINATIONS
DANS LE MÉCANISME PHYSIO-PSYCHOLOGIQUE
DES SENTIMENTS

CHAPITRE PREMIER

THÉORIE PHYSIOLOGIQUE
DITE PÉRIPHÉRIQUE DES SENTIMENTS

I. — Descartes, Malbranche, — Lange, — James, — Sergi.
II. — Divergences entre Lange, James et Sergi ; critiques de
M. François Franck à la théorie physiologique des émotions.
III. — Insuffisance des théories de James, Lange, Sergi sur les
émotions. La théorie périphérique doit être complétée par
l'étude des phases cérébrales du phénomène émotionnel, et par
la disjonction de l'émotion et de l'inclination.

DESCARTES, MALEBRANCHE

En France, ce sont aujourd'hui les travaux de Lange[1]
et de James[2] qui servent de texte aux discussions des
psychologues et des physiologistes sur la vieille question de la base organique et cérébrale de l'émotion. Ces
auteurs ont rénové, voici déjà plus de vingt ans, une
vue formulée au XVIIe siècle par Descartes. Descartes[3],
et à sa suite Malebranche[4] ont admis que les « pas-

1. LANGE Ueber Gemüthbewegungen. Leipzig, 1887 (trad. du danois) ;
Les Emotions. Paris, F. Alcan, 1895 (trad. de l'allemand).
2. W. JAMES, Mind, Lond., 1884 ; Princ. of Psych., Lond., 1870. etc. —
La théorie de l'émotion, (trad. franç.). Paris, F. Alcan, 1903.
3. DESCARTES, Passions de l'âme. Paris, 1648-9 ; Passiones sive affec-
tus animae. Amstelod., 1677.
4. MALEBRANCHE, Rech. de la Vérité, 1673.

sions de l'âme » sont conditionnées par des phénomènes cérébraux consécutifs à l'ébranlement violent des nerfs conducteurs qui vont des divers organes au cerveau. Voilà, dégagée de sa gangue métaphysique et finaliste, l'idée mère de la théorie cartésienne, qui désormais demeure le fil directeur de toutes les théories physiologiques ultérieures de l'émotion [1].

Cette formule une fois posée, il reste à fournir la description particulière des mécanismes cérébraux, nerveux, organiques concourant aux phénomènes affectifs, l'analyse de leur jeu, de leur interaction dans le sentiment, et même dans chaque sentiment. C'est ce que Descartes et Malebranche se sont appliqués à faire, en mettant en œuvre les connaissances physiologiques de leur temps, les observations et expériences dont ils disposaient.

Guidés par la même idée générale que leurs précurseurs français, Lange et James ont refait le travail d'application descriptive, en utilisant les données plus complètes de la physiologie du XIXe siècle.

Nous nous proposons de démontrer ici comment, depuis les publications de Lange et de James sur la base physiologique des émotions, maintes données ont été acquises, capables, semble-t-il, de faire entrer main-

---

1. Sur la théorie des émotions chez Descartes et Malebranche, v. Szumowski, *Pcheglond filosofitchny*, III, 1 (17 p.) (compte rendu dans le *J. de Psychol. norm., et pathol.* 1905, 353).

tenant la question dans une phase nouvelle. Mais avant
de réunir quelques-unes de ces données récentes, encore
inutilisées par les psychologues, et d'en chercher l'interprétation, nous allons exposer la théorie de James,
celle de Lange, et aussi celle de Sergi.

THÉORIE DE M. W. JAMES

Après avoir, dans un chapitre préliminaire, expliqué comment un choc de sentiment (a shock of feeling)
agit sur les centres nerveux régissant la circulation, la
respiration, les glandes cutanées, les viscères, M. W.
James définit l'émotion de la manière suivante : c'est
la conscience que nous avons des réactions de notre
corps suscitées par une perception ou par une idée.
Cette définition peut paraître paradoxale. En effet,
« notre manière naturelle de penser au sujet de ces
émotions grossières (par exemple : haine, crainte, fureur, amour), est que la perception mentale d'un fait
excite l'affection mentale appelée émotion, et que ce
dernier état d'esprit donne lieu à l'expression corporelle. Ma théorie, au contraire, est que *les changements
corporels suivent directement la perception du fait excitant, et que notre sentiment de ces mêmes changements
quand ils se produisent,* VOILA *l'émotion*[1]. » « *Chacun
des changements corporels quel qu'il soit est* SENTI, *vive-*

---

1. Les italiques et les capitales sont dans l'original.

ment ou obscurément, au moment où il se produit. Si le lecteur n'a jamais fait attention à cette question, il sera à la fois intéressé et surpris d'apprendre combien de sensations corporelles locales différentes il peut découvrir en lui-même comme caractéristiques de ces modalités émotionnelles variées[1]. »

M. James s'oppose à la conception spiritualiste traditionnelle de l'émotion ; il admet que les « émotions grossières » consistent simplement dans les sensations provenant de l'effet produit sur l'organisme par une idée. Une perception, un souvenir, une pure imagination provoque diverses réactions corporelles (vasculaires, glandulaires, motrices, etc.) : la conscience que nous avons de ces réactions, voilà l'émotion. Supprimez ces sensations corporelles, il n'y a plus émotion, il ne reste que le froid et impassible phénomène intellectuel de perception, de souvenir, d'imagination. « Si nous imaginons une émotion forte et qu'ensuite nous tentions d'abstraire de la conscience que nous en avons toutes les sensations de ses symptômes corporels, nous trouvons qu'il ne nous reste plus rien, nulle « étoffe mentale » avec laquelle l'émotion puisse être constituée, et qu'un état froid et neutre de perception intellectuelle, voilà tout ce qui reste[2] ». « Si j'étais devenu anesthésié corporellement, je me trouverais exclu de

---

1. W. JAMES, *Princ. of Psychol.*, vol. II, p. 450, Lond., 1890.
2. *Ibid.*, vol. II, p. 451.

la vie des affections, fortes et tendres également, et
trainerais une existence de forme purement cognitive
et intellectuelle[1]. »

THÉORIE DE M. LANGE

De son côté, le D' Lange admet également que l'émotion est l'effet et non pas la cause des réactions corporelles qui l'accompagnent et qui la manifestent.

Mais en outre, il émet une théorie à lui particulière,
à savoir, que les divers réflexes qui sont les facteurs
de l'émotion dépendent d'une certaine catégorie de
réflexes, commandant à toutes les autres, et qui sont
les réflexes de l'appareil circulatoire. Si une sensation,
une idée, un souvenir provoque des réactions vaso-
motrices et modifie ainsi l'irrigation sanguine des viscères, de la peau, du cerveau, il s'ensuit des modifications dans l'activité fonctionnelle de ces organes, et de
là résultent des sensations corporelles, dont l'ensemble
est l'émotion. C'est par excitation du centre nerveux
vaso-moteur, que les diverses circonstances émotionnantes produisent les réactions physiologiques de tout
ordre, dont la conscience constitue l'émotion.

THÉORIE DE M. SERGI

M. Sergi considère comme trop exclusive l'hypothèse
vaso-motrice de Lange. Le bulbe (moelle allongée) con-

1. *Ibid.*, vol. II, p. 152.

tient non seulement des centres nerveux régissant la circulation du sang, mais aussi des centres qui président à la respiration, et à l'activité propre de chacun des viscères abdominaux et pelviens. « Lange, dit-il, a supposé que les émotions dépendent du centre vaso-moteur ; mais ce centre est trop borné pour pouvoir expliquer la diversité des sensations viscérales de la vie nutritive. Au contraire, l'analyse m'a conduit à reconnaître que le bulbe rachidien, où sont réunis les centres réflexes et automatiques des nerfs qui règlent toute la vie nutritive, est le centre de l'émotion, et d'une manière générale celui du sentiment [1]. »

Selon Sergi, c'est donc par excitation des centres bulbaires de la vie végétative, parmi lesquels aucun n'est prépondérant, qu'une sensation, une idée ou tout autre stimulus retentit dans les diverses fonctions organiques et y induit des modifications dont la conscience est l'émotion.

DIVERGENCES ENTRE LANGE, JAMES, ET SERGI

Les divergences entre ces trois auteurs résident dans les conceptions suivantes :

1° James et Sergi ne considèrent pas la réaction circulatoire comme primaire à l'égard de toutes les

---

1. SERGI, *Ztschft f. Psychol. u Physiol. d. Sinnesorg.* Hamburg u. Leipzig, 1897, vol. XIV, p. 93, (trad. de l'allemand). — Cf. *Les Émotions*, 1901, Bibli. intern. de psychol. expérimentale.

autres modifications musculaires et viscérales de l'émotion. Ce n'est d'ailleurs qu'au second plan que Lange lui-même a bien soin de présenter sa théorie vasculaire.

C'est donc tout à fait à tort que nombre de physiologistes français, à la suite de M. François Franck[1], identifient la théorie Lange-James avec la théorie vasculaire. C'est une erreur d'attribuer à James, c'est une erreur de considérer comme fondamentale chez Lange la théorie vaso-motrice. M. François Franck ne discute que cette théorie vaso-motrice et non pas la théorie physiologique de l'émotion.

Et même les objections qu'il oppose à cette théorie vasculaire inexacte ont une portée contestable. Il tire argument de l'existence d'une vaso-motricité cérébrale active. Mais Lange lui-même admet l'action d'un centre nerveux vaso-moteur sur les vaisseaux irrigateurs du cerveau, comme sur ceux de la peau et des viscères. Les faits et expériences, d'un intérêt d'ailleurs capital, que M. François Franck expose pour établir l'indépendance de la circulation cérébrale par rapport à la circulation générale, ne constituent donc aucunement une critique de la théorie physiologique des émotions, ni même peut-être une critique de la théorie vasculaire

1. FRANÇOIS FRANCK, *Critique de la théorie physiologique des émotions*; Communication au XIIIᵉ Congrès internat. de médecine, Paris, 1900. Comptes rendus du Congrès, pp. 196-204.

(fausse d'ailleurs), par laquelle Lange a proposé, non sans de formelles restrictions, de préciser hypothétique-ment la théorie physiologique.

C'est, comme nous l'avons vu plus haut, chez Sergi qu'il faut chercher des arguments probants contre la théorie vasculaire de Lange. En tous cas, elle n'est point endossée par James, avec qui Sergi se trouve donc d'accord sur ce point, bien que d'une manière générale ce soit de Lange que Sergi se rapproche le plus.

2° Parmi les modifications périphériques, facteurs de l'émotion, James accorde un rôle capital aux réactions physionomiques et mimiques, produites par le jeu des muscles de relation, et constituant ce que l'on appelle l'expression. Lange et Sergi insistent davantage sur les réactions vasculaires et viscérales, les secondes étant selon Lange, et n'étant pas selon Sergi, subordonnées aux premières.

3° Enfin James spécifie soigneusement [1] que sa théorie ne s'applique qu'aux émotions « grossières » (peur, colère, amour, chagrin), et non aux émotions « délicates » (morales, intellectuelles, esthétiques). Cette distinction n'est point faite par Lange ni par Sergi, et ce dernier explique par les réflexes bulbo-organiques non seule-ment toutes les émotions, mais même, d'une manière générale, tous les sentiments.

1. W. JAMES, *La théorie de l'émotion*, trad. franç., pp. 96-103.

INSUFFISANCE DES THÉORIES DE JAMES, LANGE, SERGI

Sous les divergences superficielles que nous venons de dégager, les théories de James, Lange et Sergi ont un fond commun. Elles présentent l'état psychologique émotionnel comme secondaire à une décharge centrifuge d'impulsion nerveuse dans les organes vasculaires, viscéraux et mimiques ; cette décharge est provoquée par les impressions du monde extérieur sur les organes des sens, et aussi par des idées et souvenirs résultant d'anciennes impressions ou de constructions mentales ; d'autre part, cette décharge centrifuge produit des réactions au niveau des appareils de la vie de relation (mimique, physionomie) et de la vie nutritive (viscères) ; enfin, ces réactions périphériques donnent lieu, en retour, à des influx nerveux centripètes, d'où résultent des sensations corporelles conscientes, en lesquelles consiste l'état psychologique émotionnel.

Pour marquer bien nettement en quoi consiste l'intérêt et la raison d'être de cette explication, nous représenterons par deux formules faciles à confronter, d'une part la conception spiritualiste vulgaire de l'émotion, d'autre part la théorie Lange-James-Sergi, en ce qu'elle a d'essentiel.

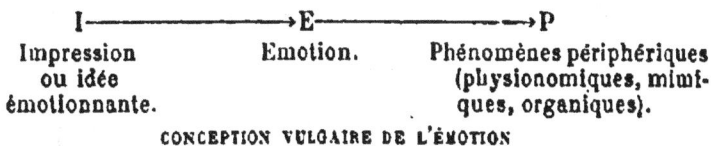

I————————→E————————→P
Impression   Emotion.   Phénomènes périphériques
ou idée   (physionomiques, mimi-
émotionnante.   ques, organiques).

CONCEPTION VULGAIRE DE L'ÉMOTION

Cette conception vulgaire est fausse, selon James, car la suppression de P entraîne celle de E. Et voici comment on pourrait, à ce qu'il nous semble, symboliser la théorie Lange-James-Sergi :

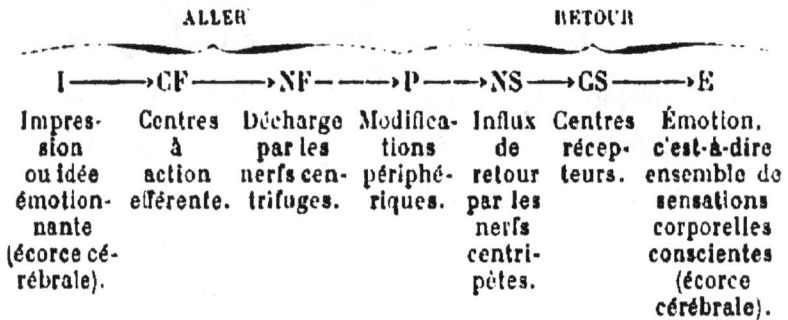

ALLER				RETOUR		
I ——→	CF ——→	NF —— →	P ——→	NS —→	CS ——	→E
Impression ou idée émotionnante (écorce cérébrale).	Centres à action efférente.	Décharge par les nerfs centrifuges.	Modifications périphériques.	Influx de retour par les nerfs centripètes.	Centres récepteurs.	Émotion, c'est-à-dire ensemble de sensations corporelles conscientes (écorce cérébrale).

THÉORIE PHYSIOLOGIQUE DE L'ÉMOTION

On pourrait d'autre part essayer de caractériser la conception de l'émotion commune à Lange, James et Sergi, en comparant et en opposant l'émotion, telle qu'ils la comprennent, et le réflexe.

Dans les réflexes tels que l'éternuement, la déglutition provoquée par le bol alimentaire, la constriction de la pupille à la lumière, la salivation à la vue d'un mets, etc., le phénomène initial est l'irritation d'une muqueuse, de la peau, de la rétine, et le phénomène terminal est l'action des muscles, glandes, etc. : c'est la périphérie qui est le point de départ et le point d'aboutissement, et les centres nerveux jouent le rôle d'un réflecteur qui renvoie, après l'avoir toutefois élaborée, l'incitation de la périphérie à la périphérie. Au contraire dans l'émotion, selon la conception Lange-

James-Sergi, c'est l'inverse qui se produit : l'incitation part des centres nerveux et revient aux centres après s'être épanouie, transformée et réfléchie à la périphérie.

La théorie Lange-James est légitimement étiquetée « théorie périphérique de l'émotion », parce qu'elle présente l'état émotionnel psychologique comme constitué par un ensemble de sensations corporelles nées à la périphérie. Cette appellation attire l'attention sur la seconde partie (*retour*) de la formule en laquelle nous venons de résumer la théorie Lange-James, et, en effet, c'est sur les phénomènes centripètes que ces auteurs ont surtout insisté. Mais si notre interprétation est exacte, ce serait une erreur d'oublier la première partie de la formule (*aller*), et de s'imaginer que les auteurs de la théorie dite « périphérique » nient ou méconnaissent entièrement la phase initiale, centrifuge, du phénomène, ou ses phases intra-cérébrales. James, il est vrai, ne s'est point engagé comme aurait fait un physiologiste dans l'analyse des phénomènes nerveux qui conditionnent l'émotion. Le plus souvent, il sous-entend ces phénomènes et traite plus volontiers le côté littéraire de la question. Mais Lange et Sergi en ont discuté la partie neurologique. C'est de l'excitation du centre vaso-moteur que Lange fait dépendre toute la série des phénomènes dont l'aboutissement est l'émotion ; dans sa conception, l'action du centre vaso-

moteur sur les vaisseaux sanguins du cerveau, aussi
bien que sur ceux des viscères et de la peau, joue un
rôle capital, quoi qu'en ait dit M. François Franck.
Cette théorie vaso-motrice est unilatérale et inexacte.
Sergi a ramené à des termes plus justes l'exposition des
phénomènes nerveux centraux qui conditionnent l'émotion ; il a tiré parti de l'existence reconnue de centres
bulbaires des diverses fonctions périphériques, centres
relativement indépendants, et exerçant les uns sur les
autres des actions directes et indirectes diverses, sans
prédominance de l'un deux, du centre vaso-moteur par
exemple. La théorie Lange-James-Sergi peut et doit
donc être complétée par une explication tout aussi
bien des phénomènes cérébraux que des phénomènes
périphériques dont l'émotion résulte.

A la théorie périphérique de l'émotion, même
débarrassée des inexactitudes physiologiques où l'avait
engagée Lange, nous opposons une objection : elle
méconnaît l'existence des inclinations. Ou du moins,
elle prend pour accordée, sans plus d'explications, la
présence de dispositions cérébrales, de dispositions
organiques et d'inclinations psychologiques, les unes
innées, les autres acquises, les unes communes à tous
les hommes, les autres individuelles, et qui comman-
dent, quand elle a lieu, la réaction émotionnelle. Elle
est ainsi exposée à attribuer à l'émotion des phénomènes
qui ne relèvent pas d'elle, mais de l'inclination. Elle

fait contribuer à l'émotion les sensations de la mimique, alors que la tonalité émotive n'est peut-être liée qu'à certaines réactions organiques plus profondes. Elle ne conçoit pas le fonctionnement inémotif des mécanismes moteurs, comme aussi de ces mécanismes mentaux que sont les inclinations. Elle ne voit pas que, sans intervention des qualités émotionnelles, par sa puissance propre, indépendamment de tout plaisir, de toute douleur, de toute angoisse, l'inclination peut agir, modifier le cours des idées et de la conduite, faire jouer la motricité automatique, adapter la physionomie à l'état mental, sans que forcément, de ces manifestations intellectuelles, volontaires, organiques conscientes, doive résulter une tonalité affective.

CHAPITRE II

THÉORIE DITE CÉRÉBRALE DES SENTIMENTS

M. P. SOLLIER

En présence du malaise général inspiré par la théorie périphérique de l'émotion, M. Sollier[1] a récemment écrit un livre pour démontrer que les phénomènes organiques périphériques sont incapables à eux seuls de fournir une explication de l'émotion. Il attire spécialement l'attention sur la partie cérébrale du cycle émotionnel, et, à la théorie périphérique conçue comme la prétention d'expliquer l'émotion par les phénomènes périphériques seuls, il oppose une « théorie cérébrale ». Ce livre est plein de choses intéressantes, mais l'idée générale en paraît contestable.

De même que la théorie dite périphérique reste incomplète et unilatérale tant que, comme M. Sollier l'entend, elle nie l'élaboration centrale des excitations émotionnantes et des sensations affectives, de même inversement la « théorie cérébrale » formulée par M. Sollier n'envisage qu'un côté de la question et tend

1. P. Sollier, *Le Mécanisme des émotions*, 303 p. in-8°, Paris, F. Alcan, 1905.

à méconnaître, dans l'émotion, la multiplication périphérique des impulsions centrales. M. G. Dumas a démontré[1] que dans la tristesse active et dans la joie, les phénomènes périphériques sont analogues. M. Sollier ne conclut pas de là, ainsi qu'il serait légitime, que l'explication physiologique des émotions doit tenir compte des phénomènes nerveux centraux en même temps que des phénomènes périphériques, mais, ce qui est bien différent, que l'on doit écarter de l'explication les phénomènes périphériques et ne retenir que les phénomènes centraux, cérébraux. Et voici comment il résume cette conception véritablement unilatérale :

« 1° L'émotion est d'ordre purement cérébral ; à cet état cérébral sont liées des manifestations diverses d'ordre physiologique et d'ordre psychologique ; 2° Les manifestations psychologiques n'amènent pas plus les manifestations physiologiques que celles-ci les manifestations psychologiques ; toutes les deux disparaissent ou apparaissent en conformité avec l'état moléculaire du cerveau; 3° Par suite des conditions mêmes du cerveau dans l'état émotionnel, il est beaucoup plus facile de modifier l'état cérébral par des moyens physiques ou physiologiques que par des moyens psychologiques, et il suffit de modifier ainsi cet état cérébral, pour voir disparaître ou reparaître les représentations liées à l'état émotionnel ; il y a donc simultanéité, mais non subordination des phénomènes

1. G. DUMAS, *La Tristesse et la Joie.* Paris, F. Alcan, 1900.

psychologiques et des phénomènes physiologiques [1].

Ces trois propositions sont présentées tour à tour sous forme d'un essai de mécanique et de dynamique cérébrale (ch. i); d'une analyse psychologique de l'action réciproque et de l'évolution des émotions (ch. ii); d'une démonstration physiologique et clinique (ch. iii) ; d'une théorie de la cénesthésie cérébrale ou sensibilité propre du cerveau en activité (ch. iv); enfin, d'une confrontation de la théorie « cérébrale » de l'émotion avec la théorie périphérique et avec la théorie intellectualiste (ch. v).

La théorie « cérébrale » de M. Sollier ne semble point être aussi opposée qu'il pense à la théorie Descartes-James-Lange-Sergi. Voici en effet quelques raisons qui portent à considérer cette théorie cérébrale de l'émotion, non comme une théorie nouvelle, mais simplement comme une forme particulière et défectueuse de celle qu'elle prétend combattre.

Nous avons montré plus haut comment ceux que M. Sollier prend pour adversaires ne songent pas plus que lui à nier que les phénomènes périphériques de l'émotion résultent souvent de la puissance physiologique d'une représentation, telle qu'une image ou un souvenir. Pas davantage ils ne contestent que les sensations conscientes de ces troubles périphériques, tout comme la représentation émotionnante initiale, ne soient conditionnées par des phénomènes cérébraux.

1. *Op. cit.*, p. 111.

Et même, ils pourraient accepter, sans renoncer à leur
système, la possibilité, pour ces sensations dont l'ensemble, selon eux, est l'émotion, de se produire anor-
malement, comme il arrive pour toutes les sensations,
d'une manière hallucinatoire, sans substrat périphérique, par une activité automatique des centres cérébraux. De son côté, tout en proposant comme une thèse
nouvelle cette affirmation que l'émotion est un phénomène « purement cérébral », M. Sollier accorde d'importantes concessions. Il reconnaît qu'en fait l'émotion
est bien loin d'être toujours exclusivement cérébrale,
et que « l'activité cérébrale diffuse », condition de
l'émotion, se répercute normalement en une activité
périphérique diffuse, au niveau des organes moteurs,
vasculaires, viscéraux, etc. Et sans doute il n'a point
l'intention de contester que, même dans les cas plutôt
rares où tout se passe dans les centres, sans déborde-
ment d'énergie nerveuse vers la périphérie, ce fonctionnement diffus des centres n'est pas seulement con-
ditionné par le stimulus émotionnant et par l'irritabilité propre des centres ou émotivité, mais aussi par
l'habitus et les dispositions contractées grâce à la mise
en jeu antérieure et cent fois renouvelée du cycle :

périphérie — centre — périphérie

et du cycle :

centre — périphérie — centre.

Les sensations peuvent naître spontanément dans un cerveau halluciné, et Calmeil cite des cas d'hallucinations visuelles chez des aveugles et d'hallucinations auditives chez des sourds[1]. Mais alors même, ce sont bien les sensations objectives, les impressions lumineuses et sonores réelles sur les organes du sujet et de ses ancêtres, qui ont modelé le mécanisme nerveux de la vision et de l'audition, et qui l'ont rendu capable de telles créations mensongères en l'absence de tout stimulant périphérique actuel. Il en est de même pour les émotions purement cérébrales où rien ne viendrait ni ne reviendrait actuellement de la périphérie : c'est le fonctionnement émotionnel complet des centres, avec participation de leurs postes périphériques, qui les a modelés de telle sorte qu'ils puissent maintenant fonctionner parfois émotionnellement sans de notables ébranlements de leurs postes avancés.

Bien faible, après ces remarques, apparaît la différence qui sépare la théorie dite périphérique de celle que M. Sollier appelle cérébrale. Après que Lange et James ont attiré l'attention des psychologues sur les phénomènes physiologiques dont la synthèse cérébrale est, selon eux, l'émotion, voici que M. Sollier se borne à souligner le caractère cérébral incontesté de cette synthèse, et sa capacité indéniée à se produire

1. Motet, Hallucination, dans le Nouv. dictionn. de médec. et de chirurg..., de Jaccoud. Paris, 1864-1886, 40 vol. in-8°, vol. XVII, p. 173-174.

hallucinatoirement. Les mêmes phénomènes organiques que Lange et James analysaient légitimement sous leur aspect périphérique, mais sans méconnaître leur aspect cérébral, voici que M. Sollier les présente sous leur aspect cérébral, et sans nier leur aspect périphérique. Plutôt que de considérer les réactions périphériques musculaires, vasculaires, respiratoires, sécrétoires, viscérales, et d'autre part la synthèse cérébrale où elles aboutissent, M. Sollier aime mieux envisager les impulsions nerveuses, provocatrices de ces réactions, dans la phase où elles s'élaborent dans les centres, et d'autre part la synthèse « préfrontale » où elles aboutissent, parfois même sans avoir dérivé vers la périphérie. À cela près, il s'en tient à la conception James Lange. En somme, sa « théorie cérébrale de l'émotion » n'est autre chose que la théorie périphérique, avec substitution, aux phénomènes périphériques observables, des phénomènes cérébraux, plus conjecturaux, plus difficilement accessibles, qui les conditionnent.

M. Sollier résume quelque part [1] sa théorie en une formule qu'il n'est point inutile d'analyser : « l'émotion, dit-il, est donc en définitive un phénomène de cœnesthésie cérébrale ».

Avec Meynert, M. le Dʳ G. Dumas s'est demandé s'il n'existe pas une cœnestésie cérébrale, c'est-à-dire une

---

1. SOLLIER, *Mécanisme des émotions*, p. 231.

sensibilité propre des centres nerveux, par exemple
dans certains maux de tête, dans la fatigue mentale,
dans la sensation d'épuisement nerveux, dans celle de
vide cérébral. Ces sensations informatrices de l'état des
tissus cérébraux, si tant est qu'elles existent, existeraient comme distinctes des sensations visuelles, auditives, olfactives, tactiles, viscérales, etc., autrement
dit, existeraient comme distinctes des sensations qui
proviennent de l'excitation fonctionnelle des mêmes
tissus cérébraux par la voie des nerfs afférents (sensoriels et sensitifs) venus de tous les points de l'organisme.
C'est par son opposition à la cénesthésie organique
d'origine extra-cérébrale et avec les données spécifiques
des sens, que la cénesthésie cérébrale, d'ailleurs pro-
blématique, est concevable.

Or, M. Sollier prend la cénesthésie cérébrale en deux
sens très différents, dont un seul est légitime et dont
l'autre résume toute sa théorie. Tantôt, avec Meynert
et M. G. Dumas, il entend par cénesthésie cérébrale une
sensibilité, possible mais non démontrée, de certains
états particuliers du cerveau, indépendamment des sensations fonctionnelles à projection périphérique : mais
la cénesthésie cérébrale, ainsi entendue, ne saurait
fournir un prétexte à écarter de l'explication physiologique de l'émotion les sensations périphériques. Tantôt, et voici bien autre chose, M. Sollier englobe dans
la cénesthésie cérébrale toutes les sensibilités, visuelle,

auditive, tactile, viscérale, dolorique, etc., en vertu de ce raisonnement qu'elles sont conditionnées par l'activité du tissu cérébral, et que, par exemple, quand nous croyons sentir une douleur au pied ou une excitation lumineuse de la rétine, ce que nous sentons en réalité, c'est ce qui se passe dans les centres cérébraux. Malgré l'intérêt philosophique d'un pareil raisonnement, il laisse intacte la question de savoir si les sensations dites (abusivement ou non) périphériques concourent à l'émotion. Et cette question, qui est toute la question, paraît esquivée plus que résolue dans cette conclusion : « Nous sommes donc amenés, pour embrasser dans une seule théorie tous les états émotionnels, à considérer l'émotion, non pas comme la conscience des changements corporels périphériques, ni même comme celle des changements moléculaires diffus de l'écorce cérébrale et en particulier de la sphère organique du cerveau, mais comme la conscience de l'état moléculaire de l'écorce cérébrale (sphère tactile ou cerveau organique), produit par la diffusion d'une excitation dans le cerveau, qu'il soit transitoire ou permanent, qu'il s'accompagne de suractivité ou d'inhibition. L'émotion est donc en définitive un phénomène de cénesthésie cérébrale[1] ».

Dès le moment que M. Sollier, en vertu de son argument idéaliste, considère les données sensorielles et la

1. SOLLIER, *Mécanisme des émotions*, p. 231.

cénesthésie périphérique elle-même comme faisant partie de la cénesthésie cérébrale, cette formule : « L'émotion est donc en définitive un phénomène de cénesthésie cérébrale » signifie, dans le langage commun, que l'émotion est un phénomène de cénesthésie périphérique : et c'est précisément la théorie Lange-James, quoique habillée de formules d'aspect opposé.

Ce n'est pas, pensons-nous, par la construction, forcément arbitraire, d'une mécanique et d'une dynamique cérébrales, ce n'est pas par la théorie du fonctionnement localisé et du fonctionnement diffus de la substance grise, ce n'est pas par des hypothèses sur la vibration nerveuse et ce n'est pas par une philosophie de la cénesthésie cérébrale qu'on peut essayer de combler efficacement la lacune laissée par nos théories actuelles de l'émotion. Mais c'est peut-être plutôt par l'étude d'un fait psychologique fort négligé des psychologues, l'inclination, souvent connexe à l'émotion, mais pourtant capable d'autonomie, et que nos modernes théories du sentiment confondent plus que de raison avec l'émotion proprement dite.

•　•
•　•

Les objections soulevées par la théorie Lange-James, et récemment renouvelées dans des travaux tels que l'article de M. François Franck ou le livre de M. Sollier, laissent donc subsister quelque chose de cette théorie.

La conception vasculaire de Lange est reconnue fausse; et la conception vraiment trop « périphérique » de James a besoin d'être complétée, par l'étude des phases centrales du cycle émotionnel, dont la phase périphérique n'est pas tout, et en particulier par l'étude de l'inclination et par sa distinction d'avec l'émotion.

Quant à la formule générale que nous avons propo-sée plus haut[1] ...ne est acquise : il ne s'agit plus que de préciser encore le contenu de sa phase *centre* → *périphérie* et de sa phase *périphérie* → *centre*.

Or, sur ces deux points, un pas de plus paraît actuellement possible, ainsi que nous allons voir, par l'interprétation psychologique, en ce qui concerne la phase *aller*, des expériences de Bechterew et de Sherrington sur des animaux vivisectionnés, et, d'autre part, de certaines observations normales et pathologiques sur l'homme, en ce qui concerne la phase *retour*. Et par là nous apparaîtra la spécificité physio-psychologique d'une part de l'émotion, phénomène viscéro-cérébral, d'autre part de l'inclination, consensus de fonctions systématisées et exigeantes.

1. P. 91.

CHAPITRE III

PHYSIOLOGIE DE LA MIMIQUE ET DE L'ÉMOTION

D'APRÈS DES DÉCOUVERTES RÉCENTES

I. — Bechterew.

II. — Sherrington.

III. — Interprétation psychologique des faits précédents : essai d'une théorie viscérale de l'émotion et d'une théorie psychologique de l'inclination.

Nous avons constaté les résultats qui paraissent rester acquis après les discussions suscitées par les théories de James, Lange, Sergi sur les émotions. De la théorie vasculaire abandonnée, de la théorie périphérique précisée une formule se dégage, que les critiques physiologiques de M. le professeur François Franck et les constructions philosophiques de M. le Dr Sollier respectent. Cette formule, la voici :

Les conditions physiologiques immédiates de l'émotion sont des réactions organiques conscientes. Par décharge centrifuge, l'excitation émotionnante produit l'explosion de phénomènes physionomiques, mimiques, viscéraux. Des influx de retour ricochent vers les centres et les affectent émotionnellement.

Centre —→ périphérie —→ centre, tel est le cycle émotionnel complet ; les courts-circuits intra-cérébraux,
dans les émotions imaginaires et dans les émotions
hallucinatoires, ne sont eux-mêmes rendus possibles
que par l'existence et le fonctionnement préalables du
long circuit, intéressant les viscères et les membres.

Mais cette partie de la théorie Lange-James-Sergi
que nous venons de dégager et de présenter comme
ayant résisté à vingt années de discussion est encore
loin de constituer une théorie physiologique complète
de l'émotion. Nous nous proposons maintenant de grouper un certain nombre de données nouvelles, dont l'interprétation peut jeter quelque lumière sur les deux
étapes, centrifuge et centripète, dont l'aboutissement
est l'émotion.

On verra que ces contributions de la physiologie
contemporaine et de la pathologie mentale porteraient
à considérer comme insuffisante sur deux points et à
remanier la psychologie actuelle de l'émotion et des
phénomènes connexes :

1° Le rôle des phénomènes sensoriels et moteurs
externes (sensations visuelles, auditives, tactiles ;
mimique, fonctions de relation) dans les émotions
n'est pas nettement défini relativement au rôle des
sensations internes ;

2° Une constante confusion règne chez tous les
auteurs entre les émotions et les inclinations.

*
* *

Voici en premier lieu quelques données nouvelles sur la physiologie de la mimique. Des découvertes récentes de Bechterew et de Sherrington, nous allons voir découler la proposition suivante :

La mimique est par elle-même inémotive et constitue une fonction indépendante, dont l'activité peut amorcer les phénomènes émotionnels, mais sans fournir à l'émotion ses facteurs composants.

BECHTEREW

Étudier la phase efférente du circuit émotionnel, c'est chercher à démêler les mécanismes producteurs des réactions organiques émotives. La difficulté est, pour l'expérimentateur ou pour l'observateur, d'obtenir ces réactions soit isolées, soit diversement groupées, sans que le cycle s'achève, sans que l'étape de retour soit parcourue, sans que l'émotion ait lieu ; car alors on se retrouverait en présence du phénomène total, indécomposé, non analysé. Aussi l'étude de la phase efférente du cycle émotionnel se fait-elle, autant que possible, sur des sujets présentant une interruption anatomique ou fonctionnelle des voies nerveuses afférentes.

En provoquant, par l'électrisation directe, la contraction des divers muscles de la face, soit isolément, soit par groupes de deux ou trois, Duchenne (de Boulogne) a essayé de déterminer quel rôle revient à chaque muscle dans chaque expression physionomique. Pour éviter les effets indirects des excitations douloureuses produites par l'électrisation de la peau, il opérait sur un individu atteint d'insensibilité du visage[1].

Appliquant l'électrisation non plus sur le muscle, mais un peu en amont, sur le tronc nerveux avant sa ramification dans la musculature faciale, M. le Dr G. Dumas[2] a récemment montré qu'en vertu d'une répartition toute mécanique de l'excitation, il peut se produire une expression définie et complexe, telle que le sourire.

Remontant plus haut encore, jusqu'à l'axe nerveux, Meynert a reconnu dans le bulbe rachidien les centres réflexes et automatiques des nerfs qui exportent les excitations vers les viscères et vers les vaisseaux sanguins.

Plus haut encore, Bechterew[3] a révélé l'existence d'un centre automatique supérieur des expressions

1. DUCHENNE (de Boulogne), *Mécanisme de la physionomie humaine*, 1862.

2. G. DUMAS. *Le Sourire*, Paris, F. Alcan.

3. BECHTEREW, Sur les mouvements d'expression, *Wratsch*, 1883. — Les fonctions des couches optiques, *Wjestnik klin. i. ssud. psich.*, 1885 (en russe). — Le rôle de la couche optique d'après des faits expérimentaux et pathologiques, *Virchow's Archiv.*, vol. CX, 1887. — Le rire et le pleurer inextinguibles (impossibles à retenir) dans les affections cérébrales, *Arch. f. Psych.*, vol. XXVI, 1894, p. 791. — Les voies de conduction du cerveau et de la moelle, trad. franç. par G. Bonne, x-856 p., in-8°, Lyon et Paris, A. Storck et O. Doin, 1900.

coordonnées de la physionomie et de la mimique. C'est
un centre encéphalique sous-cortical, dont la mise en
action peut être déclenchée soit par les voies le reliant
à l'écorce, c'est-à-dire volontairement, soit par les voies
le reliant à la périphérie, c'est-à-dire involontaire-
ment.

Bechterew, ainsi que Flourens le pratiqua le premier.
Il enlève l'écorce cérébrale à des animaux vivants, gre-
nouilles, cobayes, chats. Pendant plusieurs jours ou
plusieurs semaines, il laisse ensuite se calmer l'état de
choc opératoire. Au bout de ce temps, les tractus nerveux (faisceaux pyramidaux) qui relient l'écorce au
bulbe et transmettent, chez le normal, aux noyaux bulbaires des nerfs moteurs les incitations intelligentes et
volontaires, se sont complètement atrophiés et désorga-
nisés, ainsi que le démontrent les autopsies et les
examens microscopiques.

A mi-chemin entre l'écorce et le bulbe et ayant avec
eux ses connexions propres, est une masse cérébrale,
formée de la *couche optique* ou *thalamus* et de certaines
parties des *noyaux lenticulaire* et *caudé*, et qui est le
centre automatique de la mimique. En effet, son intégrité permet encore la production de mouvements
physionomiques et mimiques complexes et adaptés.
Chez l'animal dont l'écorce cérébrale est détruite mais
dont la couche optique et ses annexes sont intacts, on
observe la conservation de la mimique, malgré la perte

de l'intelligence et de l'émotivité consciente. Les mauvais traitements provoquent le grincement des dents, le hérissement des poils ou des plumes, le redressement des oreilles, c'est-à-dire les manifestations coordonnées de la colère et de la douleur, bien que l'animal soit devenu incapable d'éprouver, du moins d'une manière pleinement consciente, colère ni douleur. Les caresses déterminent inversement les manifestations ordinaires de la joie affectueuse, le frétillement de la queue et le ronron chez le chat, bien que l'animal soit devenu incapable de ressentir, du moins d'une manière pleinement consciente, affection ni joie. Enfin, la plénitude de la vessie et du rectum, l'inanition provoquent les manifestations motrices ordinaires du besoin : évacuation, coups de bec sur le sol, mastication à vide, bien que l'animal soit maintenant privé de sensations conscientes complètes (perceptions), tout aussi bien internes qu'externes. En l'absence de l'intelligence et de l'affectivité subjective proprement dite, les manifestations physionomiques et mimiques continuent à se produire correctement sous des excitations sensorielles extérieures et sous des excitations nées dans les profondeurs de l'organisme.

Le caractère purement automatique de ces réactions mimiques, toutes complexes et bien adaptées qu'elles sont, ne saurait, selon Bechterew, être mis en doute. Les deux considérations suivantes l'établissent :

1° L'animal intact produit souvent spontanément de telles manifestations mimiques, sans provocation sensorielle ni viscérale actuelle, par la seule influence d'images, d'idées, de processus psychiques. Au contraire, chez l'animal dépouillé de ses hémisphères, organes de l'activité mentale, les manifestations mimiques ne se produisent jamais spontanément, mais seulement en réplique à des excitations externes et viscérales actuelles.

2° En présence d'une excitation, externe ou viscérale, les manifestations mimiques appropriées sont souvent réprimées ou modifiées par l'animal intact; au contraire, chez l'animal qui en est réduit à son cerveau décortiqué, les réactions mimiques répondent à point nommé, et toujours les mêmes pour chaque espèce d'excitation.

Bechterew conclut que les diverses expressions physionomiques et mimiques complexes sont régies par un appareil nerveux automatique, capable d'agir indépendamment des appareils qui élaborent et transmettent l'incitation volontaire aux mêmes organes exécuteurs périphériques. Des manifestations mimiques compliquées, intenses, opportunes peuvent, par suite d'une organisation innée, se produire automatiquement, comme de véritables mais complexes réflexes, en conformité avec une situation donnée, malgré l'absence de la volonté et du sentiment subjectif.

A vrai dire, on pourrait à la rigueur admettre que, chez les animaux un peu distants de l'homme dans l'échelle zoologique, les centres encéphaliques sous-corticaux suffisent déjà à produire quelque conscience et quelque émotivité subjective, et qu'ainsi, chez ces êtres, les *couches optiques*, les *noyaux lenticulaires* et *caudés* contiennent à la fois le centre mimique automatique (inémotif par lui-même) et une partie des centres de l'émotivité consciente : mais en tous cas, chez les animaux supérieurs et surtout chez l'homme, la division du travail nerveux est beaucoup plus parfaite ; la mimique inémotive systématisée est ici nettement localisée dans les centres sous-corticaux, qui, à eux seuls, ne peuvent pas même produire un rudiment de l'émotion subjective.

Les conclusions de Bechterew ont été vérifiées par tous les expérimentateurs, chez l'homme comme chez les animaux.

Chez l'homme, Huguenin et A. Magnus ont montré que, dans certaines hémiplégies, la lésion des faisceaux pyramidaux qui vont de l'écorce au bulbe paralyse les mouvements volontaires de la face, mais laisse subsister, si la couche optique et ses annexes sont intacts, le jeu mimique automatique de ces mêmes muscles faciaux sur lesquels la volonté n'a plus de prise.

La contre-épreuve a été fournie par Ch. Bell et Stromeyer. Ces auteurs ont démontré que, si l'écorce cérébrale est intacte, la destruction de la couche optique, chez l'homme comme chez l'animal, entraîne l'abolition de la mimique automatique et laisse subsister, par les voies cortico-bulbaires, les mouvements volontaires de ces mêmes muscles qui ne réagissent plus par une mimique mécanique aux excitations.

Enfin la topographie externe et interne du centre automatique de la mimique coordonnée a pu déjà être défrichée avec quelque précision par Bechterew et par ses disciples ou continuateurs.

Ainsi que nous l'avons déjà indiqué, ce centre supérieur des réactions mimiques ne coïncide pas rigoureusement avec la *couche optique*, il comprend en outre certaines parties des *noyaux lenticulaire* et *caudé*. Il est décomposable en plusieurs centres distincts, dont chacun préside aux modifications émotionnelles d'une fonction. Bechterew et Mislawsky[1] ont montré que l'excitation expérimentale de la *couche optique* et du *globus pallidus* produit la vaso-constriction et l'élévation de la pression sanguine; que l'excitation de la région moyenne de la *couche optique* renforce les mouvements de l'intestin grêle[2]; que l'excitation de la région externe de la *couche optique* affaiblit les mouve-

1. BECHTEREW et MISLAWSKY, Sur l'influence de l'écorce cérébrale sur la pression sanguine et l'activité du cœur, *Neur. Centralbl.*, 1886, p. 193.

2. BECHTEREW et MILAWSKY, Sur l'innervation centrale et périphérique de l'intestin, *Arch. f. Anat. u. Physiol. (Physiol. Abth.)*, suppl. 1889, p. 242.

ments de l'intestin grêle ; que l'excitation de la région
antéro-externe provoque les contractions du gros intestin et la défécation ; que l'excitation de la région inféro-
interne au voisinage de la commissure grise produit la
sécrétion des larmes ; que l'excitation de la partie inférieure du noyau antérieur régit les contractions de la
vessie [1] ; que l'excitation de la commissure grise
entraîne le larmoiement, la dilatation de la pupille et
la saillie du globe oculaire ; que d'autres parties du
thalamus agissent sur les mouvements de l'estomac [2] et
sur ceux du cœur [3].

Enfin, David Ferrier, Horsley et François Franck ont
démontré l'existence de centres corticaux de la mimique.

Quand on excite, dit M. François Franck, avec de très
faibles décharges d'induction, appliquées un temps très
court sur une partie circonscrite de la zone motrice des animaux supérieurs, en choisissant ceux qui, comme le singe
et comme le chat, traduisent leurs impressions par des attitudes appropriées et même par des jeux de physionomie, on
peut provoquer aisément des expressions émotives très
satisfaisantes. *David Ferrier, Horsley* et nous-même avons
obtenu ainsi les expressions les plus variées. Une excitation
corticale localisée provoque chez l'animal l'attitude et la

1. Bechterew et Mislawsky, Les centres cérébraux de la motilité de
la vessie. *Neur. Centrbl.*, 1888, p. 505.
2. Bechterew et Mislawky, Sur la question de l'innervation de l'estomac. *Neur. Centralbl.*, 1890, p. 195.
3. *Sur l'infl. de l'éc. cér. sur la press. sang. et l'act. du cœur*, cité
plus haut.

physionomie de l'*attention*, celles de la *peur*, détermine une série d'actes adaptés à un objet déterminé dans la *préhension*[1].

En résumé, les travaux de Bechterew et de ses disciples et ceux de M. François Franck ont avancé nos connaissances sur les phénomènes centrifuges qui, d'après la formule générale que nous avons adoptée[2], constituent la première phase du cycle émotionnel. Il existe un mécanisme nerveux à centres hiérarchisés producteur des réactions émotionnelles viscérales et motrices externes. Le fonctionnement de ce mécanisme mimique peut être amorcé par une représentation consciente : image, idée, impression actuelle ou passée intelligemment élaborée. Il peut aussi être mis en train sans intervention de l'écorce, par des excitations élémentaires non élaborées, ou sensations brutes, ou même par la faradisation électrique. Et d'autre part, ce mécanisme complexe peut répliquer aux excitations amorçantes, de quelque nature qu'elles soient, intellectuelles ou sensitives, sans que la seconde phase, centripète, du cycle émotionnel se produise, sans que des phénomènes d'affectivité subjective viennent continuer et achever les manifestations motrices.

C'est ce qui a lieu dans deux cas :

---

1. FRANÇOIS FRANCK, Critique de la théorie physiologique des émotions, XIIIe *Cong. de Médec.*, p. 204.

2. V. ci-dessus, p. 91.

1° Lorsque l'ablation des centres récepteurs affectifs (ablation de l'écorce cérébrale par Bechterew) empêche d'aboutir les influx de retour, revenant des organes périphériques ;

2° Lorsque ces influx de retour, sans lesquels l'émotion n'est pas, se trouvent arrêtés par l'interruption des voies afférentes. Nous allons voir qu'on peut interpréter comme réalisant ce second cas les capitales expériences de Sherrington [1].

SHERRINGTON

Le physiologiste anglais Sherrington a pratiqué sur des chiens des expériences dont le résultat est loin de cadrer, en apparence tout au moins, avec la théorie de l'émotion proposée par James, Lange et Sergi.

Dans une communication à la Société Royale de Londres, Sherrington [2] s'est contenté de faire connaître ses recherches personnelles et de poser, sans essayer de la résoudre, la question de leur interprétation psychologique.

Comme cet important ouvrage, publié depuis six ans,

1. M. SOLLIER (Op. cit., p. 199-122), faisant allusion aux recherches de Bechterew d'après le compte rendu qu'en a donné M. JULES SOURY (Le Système Nerveux central, p. 1316), n'indique pas que le résultat essentiel de ces expériences est d'établir l'existence d'un centre automatique supérieur des expressions mimiques coordonnées.

2. SHERRINGTON, Experiments on the Value of Vascular and Visceral Factors for the Genesis of Emotion. Proc. Roy. Soc. Lond. 1900, t. 66, p. 390-403 (2 fig.).

n'avait été qu'incomplètement et même inexactement
exposé ne France, j'en ai donné, en 1906, un compte
rendu détaillé, avec traduction intégrale de la principale
observation [1].

Quelques discussions s'en sont suivies, en particulier
à la *Société de Psychologie*. Nous allons résumer et
le texte et les commentaires qu'il suscita.

Chez cinq jeunes chiens, Sherrington a sectionné la
moelle épinière au niveau de la base du cou. Une telle
section laisse indemne le système sympathique et ses
connexions avec l'encéphale : la voie reste libre à la
sortie et à l'entrée de tout cet ensemble de nerfs qui
font communiquer le cerveau avec l'appareil ganglion-
naire de la vie organique. Mais elle rompt toutes les
connexions nerveuses directes entre le cerveau et les
viscères thoraciques, abdominaux et pelviens, excepté
toutefois celles qui existent par l'intermédiaire de certains nerfs craniens. En outre tous les vaisseaux sanguins se trouvent isolés du centre vaso-moteur bulbaire
presque complètement, car il ne subsiste que quelques
minimes communications par la voie des nerfs craniens.
La peau et les organes moteurs sont, depuis les extré-
mités inférieures jusqu'à l'épaule, privés également de
toute communication avec le cerveau. Bref, en arrière
des épaules, la presque totalité du corps est empêchée
de contribuer aux processus nerveux de l'émotion, soit

1. *Journal de Psychol. norm. et pathol.* (F. Alcan), janvier-mai 1906.

dans leur phase centripète, soit dans leur phase centrifuge.

Or voici le fait, d'un intérêt capital, que Sherrington a constaté : c'est qu'un cerveau vivant, mais presque affranchi, par cette vivisection, de tout lien nerveux avec le corps qui le nourrit, continue à pouvoir ressentir des émotions.

Sur chacun de ces chiens les observations ont été prolongées pendant plusieurs mois consécutifs à l'opération de transection; chez aucun n'a été décelée une modification quelconque du caractère émotionnel, aussi loin que puisse aller l'investigation.

« Etudier l'émotion chez un animal inférieur n'est pas très aisé, dit Sherrington, ni même chez un chien. Mais si l'on se fie aux signes qui sont usuellement pris pour signifier plaisir, colère, crainte, dégoût, alors ces animaux les montrent indubitablement après comme avant la transection de la moelle épinière cervicale. S'il voit ou entend le compagon qui le soigne, cela évoque en lui la même joyeuse activité et la même pose caressante de la tête et des traits qu'autrefois. A l'égard des amis et des ennemis parmi leurs commensaux animaux, ils manifestent aussi nettement qu'auparavant leur affection ou leur fureur. Pour citer un exemple, j'ai vu la crainte vivement manifestée par un des chiens, un jeune animal, approché et menacé par un pauvre vieux singe Macaque. L'abaissement de la tête, la face effrayée et à demi détournée, les oreilles rabattues contribuaient à indiquer l'existence d'une émotion aussi vive que celle que l'animal nous avait déjà montrée avant que l'opération spinale n'eût été faite [1]. »

OBSERVATION I. — Jeune chien. Transection de la moelle, dans la narcose chloroformique profonde, au-dessous de l'origine des nerfs phréniques. Guérison du traumatisme et du choc spinal en six semaines. Le système circulatoire est exclu de toute communication nerveuse avec le centre vaso-moteur : par conséquent, aucune excitation de ce centre ne peut provoquer une modification de la pression artérielle. Or, l'artère fémorale ayant été mise en relation avec un manomètre inscripteur, la pression artérielle subit une saute brusque chaque fois que l'on fait résonner le trembleur de l'appareil d'induction qui a servi précédemment à provoquer chez l'animal des sensations douloureuses, dans l'exploration des limites de l'anesthésie cutanée produite par la section de la moelle. Explication : c'est l'altération de la respiration qui, chaque fois que l'animal a peur, produit mécaniquement l'élévation de la pression artérielle [2].

De cette première observation il ressort qu'un trouble de nature émotionnelle est survenu chez un animal après que toute réaction nerveuse vasomotrice a été rendue impossible, et après que la majeure partie, de beaucoup, de chaque réaction viscérale a aussi été empêchée.

1. *Op. cit.*, p. 393.
2. De cette observation de SHERRINGTON, d'autres expériences sont à rapprocher. LISTAR, GOLTZ, EWARD ont constaté également l'existence de variations vasculaires en l'absence du système nerveux central tout entier. V. *Journ. Psychol. norm. et pathol.*, III, 111.

Sur les quatre autres chiens auxquels il a fait subir la section de la moelle, Sherrington a vu, d'une manière absolument concordante, qu'en dépit de l'exclusion d'un si immense champ de réactions vasculaires, viscérales, cutanées et motrices, les états émotionnels de plaisir, de crainte et de dégoût étaient développés, autant qu'on pouvait en juger, avec une intensité non diminuée. « L'horripilation le long de la crête du dos entre les épaules, accompagnement si usuel de la colère chez le chien, était bien entendu absente chez ceux-ci, les fibres nerveuses spinales pilomotrices ayant été privées de toute connexion avec le cerveau. Mais l'absence de cette réaction ne pouvait pas un seul instant masquer le trouble émotionnel si vivement indiqué par les autres facteurs de l'expression [1]. »

Sherrington eut alors l'idée de pousser l'épreuve plus avant. Après avoir pratiqué sur deux chiens la transection de la moelle dans la région cervicale, tout comme dans l'observation I, et après avoir obtenu la guérison du choc physiologique, il opéra en outre la section des deux nerfs *vagues* dans le cou.

« Le vague, dit Sherrington peut être regardé comme la grande unité viscérale des séries craniennes de nerfs. Sa section succédant à une transection spinale préthoracique relègue dans le champ de l'insensibilité l'estomac, les poumons et le cœur, en outre des autres vis-

1. SHERRINGTON, *Op. cit.*, p. 396.

cères précédemment rendus apesthésiques[1]. Cela limite ainsi encore plus étroitement le nombre des conducteurs efférents et afférents par lesquels le système vasculaire peut être affecté[2]. »

OBSERVATION II. — Chienne d'âge indéterminé, d'un caractère spécialement émotionnable ; affectueuse à l'égard de personnes familières, elle a de subites explosions de fureur lors de l'intrusion d'un chat ou d'un visiteur étranger.

Sous le chloroforme, on lui coupe, dans le cou, la moelle épinière : l'autopsie et l'examen microscopique montrèrent, plusieurs mois plus tard, que la séparation avait été bien complète. Le rétablissement de la blessure est rapide.

La sensibilité superficielle et profonde est trouvée abolie en arrière de la limite indiquée sur la peau par la ligne tracée sur la figure ci-contre (diagramme supérieur). Un seul muscle reste encore sensible en arrière de la région des épaules : le diaphragme.

Aucune espèce d'altération ne peut être décelée, conséquemment à cette lésion, dans la production des émotions, à en juger par les expressions de colère, de plaisir, de crainte, en réaction à des provocations appropriées.

Cent huit jours après la transection spinale, l'opérateur coupa, sous le chloroforme, le nerf vague droit dans le cou, et, encore ving-huit jours plus tard, le nerf vague gauche. Le nerf vague du chien contient, à ce niveau, trois nerfs dans une seule gaine : le vague proprement dit, le dépresseur, le tronc sympathique. L'examen ultérieur à l'autopsie montra

1. « Par apesthésie on entend non seulement dépourvu de sensibilité, mais privé de toute connexion avec les centres nerveux nécessaires à la réaction consciente, signification pour laquelle le mot *apesthésie* a été proposé par le Dr Mott et par moi-même, dans ces Proceedings, vol. 56, 1895 » (*note de Sherrington*).

2. *Op. cit.*, p. 397.

Fig. 1. — Diagramme indiquant l'étendue de la partie restée sensible après section de la moelle (fig. supérieure) et section combinée de a moelle et du vagosympathique (fig. inférieure). L'étendue de la surface de peau laissée sensible est délimitée sur la figure par une ligne continue (non pointillée). La limite de la sensibilité « profonde », c'est-à-dire musculaire, articulaire, etc., correspond aussi à cette ligne. Mais la limite où les voies respiratoires et alimentaires ont conservé de la sensibilité est indiquée par les contours pointillés des poumons, du cœur et de l'estomac dans la figure supérieure, du larynx et de la partie supérieure de l'œsophage dans la figure inférieure. Les données anatomiques portent à admettre que la trachée et l'œsophage ont été dépourvus de toute sensibilité au delà de ces niveaux. La ligne courbe en arrière de la poitrine indique le diaphragme comme le seul muscle en arrière des épaules gardant encore des nerfs centripètes (d'après Sherrington).

que ces six nerfs avaient été, aussi bien que la moelle, complètement tranchés.

« Chez cet animal, écrit Sherrington, le pouvoir du système
nerveux différait de celui obtenu chez ceux soumis seulement
à la transection spinale, en ce que, aux régions du corps et
aux organes tout à fait privés de communication avec le cerveau et rendus anesthésiques et incapables de contribuer à
la réaction consciente, s'ajoutaient en ce cas l'estomac et la
moitié inférieure (?)[1] de l'œsophage, les poumons et la
moitié inférieure (?) de la trachée, et enfin le cœur lui-même. »
(Comparez les diagrammes ci-contre).

Cette fois encore l'animal, quoique malade et infirme, continue à donner d'intenses et opportunes manifestations de
courroux, de satisfaction, de crainte. Un jour, au lieu de
viande de cheval ou de bœuf comme à l'ordinaire, on lui
sert, pour sa nourriture, de la viande de chien ; jamais auparavant elle n'avait été soumise à cette épreuve. Avec la même
netteté que les chiens normaux, elle refuse cet aliment et
témoigne d'un dégoût évident.

Quelle interprétation psychologique comportent ces
expériences de Sherrington ?

Le physiologiste anglais s'abstient d'en donner une
lui-même. Il se contente de remarquer que « ces observations expérimentales ne donnent point de support »
aux théories de James, Lange et Sergi sur la production de l'émotion. « Mais d'autre part, ajoute-t-il, je ne
puis penser qu'elles ouvrent une voie vers la théorie
adverse », c'est-à-dire vers la conception spiritualiste
courante. Et il termine en posant la question, sans

_____
1. Les points d'interrogation sont de Sherrington.

entreprendre de la résoudre : « Les observations présentées ici modifient la position de la question à un
seul égard, elles rendent, je crois, nécessaire d'attribuer à ces éléments [somatiques] de l'émotion une autre
signification que celle attribuée par les auteurs cités
dans mon paragraphe de début. Ce qu'il y a de pittoresque et d'incisif dans tout ce qui vient de la plume
du professeur James rend persuasif tout raisonnement
qu'elle poursuit. Ses chapitres suggestifs détournent
d'entreprendre l'examen critique de sa théorie, examen
que je n'ai fait qu'incomplètement, je tiens à l'avouer. »

Un seul psychologue, à notre connaissance, s'est
jusqu'ici préoccupé des expériences de Sherrington.
Dans son récent et intéressant livre sur *Le Mécanisme
des Émotions* (1905), analysé ci-dessus, M. le Dr Sollier
résume l'observation II, que nous venons de rapporter,
mais très sommairement et, semble-t-il, de seconde
main. En effet, M. Sollier oublie, quoique Sherrington
prenne bien soin de le rappeler, que le vague et le sympathique s'unissent, chez le chien, en un seul tronc
pendant un certain parcours, et que ce sont les troncs
vago-sympathiques que Sherrington a sectionnés. Ce
lapsus ôte toute portée à des commentaires qui débu-
tent ainsi :

« Cette expérience, quoique fort intéressante, n'est cependant pas concluante. Elle laisse, en effet, subsister tout le
sympathique, c'est-à-dire la partie du système nerveux qui

transmet toutes les impressions vasculaires et viscérales, lesquelles jouent précisément le rôle le plus important dans les émotions [1]. »

Nous voici donc en présence d'un fait capital, non expliqué par l'expérimentateur qui l'a découvert, et resté inaperçu du seul psychologue français qui en ait dit quelque chose : des chiens continuent à donner des réactions mimiques intenses, adaptées et même intelligentes, alors que la tête, le devant des membres antérieurs et le diaphragme sont les seules parties du corps restées sensibles, la section complète de la moelle épinière et des deux vagosympathiques ayant plongé dans l'insensibilité absolue et définitive, dans l' « apesthésie », selon le mot de Sherrington, tout le reste des organes superficiels et profonds, en arrière de la ligne des épaules.

Dans sa communication sur la valeur des facteurs vasculaire et viscéral pour la production de l'émotion, Sherrington ne fait aucune allusion aux travaux de Bechterow et de ses continuateurs sur les fonctions mimiques de la *couche optique* et des centres annexes.

---

1. P. SOLLIER, *Méc. d. ém.*, p. 118. Dans son rapport au Congrès d'Amsterdam (3 sept. 1907), M. Sollier n'a pas rectifié cette interprétation. Voir. P. SOLLIER, État actuel de la théorie Lange-James sur les émotions, dans *L'Encéphale*, II, 311-314.

Or il nous semble que les découvertes de Bechterew peuvent contribuer à éclairer celles de Sherrington.

Chez les cobayes et les chats de Bechterew, les nerfs sensitifs qui vont de la peau, des muscles, des articulations, des viscères au cerveau sont intacts, mais les impressions afférentes ne peuvent plus aboutir en une émotion consciente complète, car les hémisphères cérébraux sont détruits : or, en l'absence de l'émotivité subjective consciente, le centre automatique des expressions mimiques coordonnées — *couche optique, noyaux lenticulaire* et *caudé* — est resté indemne et peut encore fonctionner. D'une manière maintenant réflexe et inémotive, les excitations continuent à agir sur un mécanisme physiologique inné, à amorcer son fonctionnement, à lui faire exécuter machinalement les mêmes réactions systématisées qui, chez l'animal intact, se produisaient avec accompagnement de phénomènes corticaux affectifs, alors que le cerveau supérieur existait, et que les excitations débordaient jusqu'à lui. La persistance d'une mimique coordonnée, adaptée aux excitations, et qui pourtant n'est désormais sous-tendue par aucun état émotionnel conscient, voilà le fait qui ressort des recherches de Bechterew, et à la lumière duquel nous allons envisager celles de Sherrington.

Chez les chiens de Sherrington, c'est le cerveau qui est laissé indemne, et ce sont les conducteurs nerveux reliant le cerveau aux organes, qui sont coupés. Un minime territoire reste en communication avec le cerveau demeuré vivant et intelligent : diaphragme, tête, cou, partie antéro-supérieure des pattes de devant, c'est-à-dire, les principaux organes de la mimique. Or, malgré l'exclusion de la presque totalité du corps, les réactions du petit territoire mimique indemne — jeux de la physionomie faciale, voix modifiée par la paralysie du thorax, mouvements encore possibles par l'action des fléchisseurs du coude — continuent à se produire de la même manière que si l'émotion subjective existait.

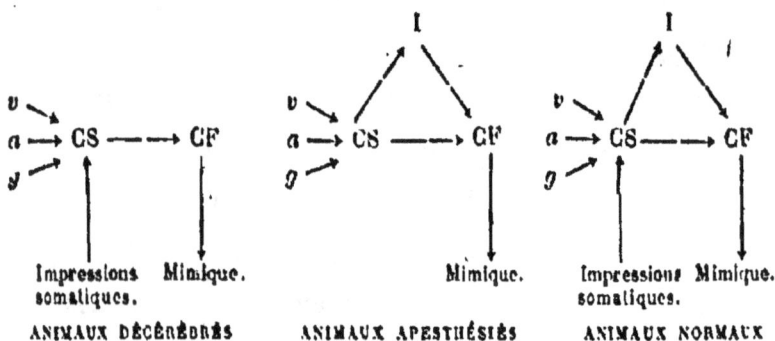

Fig. 2. — CS, centres récepteurs ; CF, centres mimiques ; I, écorce cérébrale ; v, a, g, impressions visuelles, auditives, gustatives, olfactives.

Un peu vite peut-être Sherrington en conclut que l'émotion subjective existe. Il n'est pas contestable, dit-il, que le faible résidu de données somatiques venant encore de la région indemne est insuffisant à produire des émotions d'une intensité proportionnée aux manifestations mimiques dont cette même région est le siège. Comme d'autre part Sherrington se refuse à dire que

l'émotion soit dépourvue de base somatique, il s'abs-
tint de conclure et ne sait plus que penser.

Mais on pourrait peut-être se demander si les chiens
de Sherrington ne nous mettent pas simplement en présence de la mimique coordonnée, adaptée, et pourtant
inémotive que Bechterew a étudiée, avec cette compli-
cation, toutefois, que le cerveau, privé des données afférentes sans lesquelles l'émotion ne se produit pas,
continue néanmoins à influencer, impassible mais intelligent et actif, le mécanisme mimique.

Il y a entre les animaux de Sherrington et ceux de
Bechterew une différence : si les voies somato-corticales
sont dans les deux cas incapables d'aboutir, par contre,
l'écorce et les voies cortico-thalamiques sont anéanties
chez les sujets de Bechterew et sont au contraire
intactes chez ceux de Sherrington. La conséquence est
une différence d'attitude considérable dans les démarches des animaux décérébrés et des animaux « apesthé-
siés ». Chez les seconds, les manifestations mimiques
ne sont pas seulement déclenchées par les impressions,
elles sont en outre provoquées, et même contenues,
renforcées, retouchées par l'intervention des habitudes
conscientes et de la volonté intelligente, en l'absence
de l'émotivité véritable. Il est donc vraisemblable que
la chienne apesthésique ne ressentait plus le choc
affectif proprement dit, alors qu'elle continuait cependant à grogner, à japer, à refuser certains mets, à

prendre un air battu devant les réprimandes, à se traîner vers ses amis, à obéir à la persuasion. Elle était restée intelligente et capable d'activité volontaire et automatique combinées, bien que frappée d'inémotivité. Ses habitudes, ses images mentales, ses perceptions continuaient à produire des démarches intelligemment et mécaniquement adaptées aux circonstances, en l'absence des sentiments affectifs.

« Tous ceux qui ont visité et vu les animaux objet de cette communication, note Sherrington, ont entièrement partagé mon opinion et celle des autres personnes du laboratoire, qu'ils éprouvaient d'intenses et vives émotions. Je veux spécialement mentionner et remercier pour leur intérêt à la question le docteur Abram, le professeur Paul, le docteur Warrington, Sir James Russel et le docteur James Mackenzie. »

Mais puisque Sherrington et les observateurs auxquels il a fait appel n'ont pas envisagé la possibilité de l'inémotivité subjective avec intégrité des réactions mimiques, il est permis de penser qu'ils ont pu être trompés par ce qu'il y avait d'intelligence et de volonté évidentes, en même temps que d'automatisme docile, dans la mimique des chiens opérés ; et qu'en réalité ces animaux avaient été privés à jamais des données proprement affectives par l'abolition de presque toutes leurs impressions somatiques conscientes.

L'interprétation psychologique que nous venons de

proposer des expériences de Bechterew et de Sherrington n'est assurément qu'une conjecture en l'air, tant
qu'on opère sur des sujets animaux, incapables de dire
s'ils ressentent ou ne ressentent pas une émotion, en
même temps qu'ils agissent volontairement et réagissent mimiquement. Mais l'opinion émise par Sherrington, concernant la réalité d'états émotionnels subjectifs
véritables chez ses chiens, n'est pas moins conjectu-
rale, et de plus, elle se bute à une énigme.

Or notre hypothèse prend corps par l'observation de
personnes humaines atteintes d'inémotivité subjective,
mais restées intelligentes, volontaires, et capables de
réactions automatiques normales, intenses, de la physionomie et de la mimique.

J'ai publié [1] et je résumerai ci-dessous l'observation
d'une femme qui, par suite d'une anesthésie la privant
de certaines sensations somatiques, demeure frappée
d'inémotivité complète, malgré l'intégrité des réactions
mimiques, de l'intelligence, de la volonté et des inclinations. Si cette malade avait été privée de la parole,
comme les sujets de Sherrington, tout observateur
aurait affirmé sans hésiter son émotivité intense, à n'en
juger que par les jeux de son visage, par ses pleurs,
par la tonalité de sa voix, par l'orientation de ses
réactions volontaires comme de ses réactions automatiques. C'est grâce à l'introspection parlée, que nous

1. *Rev. philos.*, déc. 1903, pp. 592-623 (F. Alcan).

avons pu recueillir les curieuses déclarations de cette malade sur l'absence de tout état affectif éprouvé, au cours de si normales manifestations. La réalité de son inémotivité a pu être prouvée, par la concordance avec l'anesthésie viscérale d'un trouble très particulier de la perception de la durée. Les états proprement affectifs peuvent être abolis chez un sujet, alors que la physionomie reste mobile, la voix chaude et vibrante, le geste et l'attitude pathéti... s, la pensée éveillée, les tendances et inclinations tenaces. Il y a des *inclinations inémotives* qui suffisent à nous faire gesticuler, grimacer, penser, vouloir, désirer et redouter sans émoi.

M. Sollier[1] fait allusion à des personnes humaines soumises par la nature à peu près aux mêmes vivisections que les chiens de Sherrington. Après le décès, l'autopsie montre, dans certains cancers de la colonne vertébrale, que, au niveau du cou, la moelle épinière était complètement sectionnée ainsi que la plupart des filets sympathiques.

Sur un malade de cette espèce encore vivant on pourrait, pensons-nous, examiner à fond l'état de l'affectivité, la conservation ou l'abolition d'une part de la mimique et des inclinations, d'autre part des sensations proprement émotionnelles. Jusqu'ici je n'ai pas rencontré ce cas; et sans doute M. Sollier n'en parle que par ouï dire, car il ne donne ni détails, ni références.

1. SOLLIER. *Le Mécanisme des Émotions*, p. 118.

Sa conclusion ne peut donc être que provisoire. La voici :

Assurément, tout n'est pas détruit [dans la chaîne sympathique ganglionnaire], et des impressions viscérales parviennent encore au cerveau, mais, là non plus, on n'observe pas de diminution de l'émotivité proportionnelle à l'anesthésie. Il semble donc logique d'admettre que c'est probablement dans les parties les plus élevées de l'axe cérébro-spinal, moelle allongée, noyaux gris, écorce cérébrale, que se produisent les phénomènes constituant l'émotion.

Par les mots *émotivité*, *émotion*, M. Sollier entend le complexus fourni par la mimique, par les inclinations, par la pensée réfléchie. C'est ce complexus qui ne paraît pas amoindri d'une manière proportionnelle à l'anesthésie. Mais il a peut-être subi la perte de quelques-uns de ses éléments normaux, et, en particulier, celle de la tonalité affective, c'est-à-dire de l'émotion au sens précis du terme.

La qualité intensément affective des sensations internes est un lieu commun sur lequel tout le monde est d'accord. Sur l'importance de la douleur, du plaisir, des sensations thermiques, des sensations viscérales, des besoins organiques comme éléments des émotions, les auteurs sont unanimes. Mais aucun n'a été amené à se demander si les sensations internes ne seraient pas les facteurs uniques et spécifiques du choc affectif, à l'exclusion des données sensorielles (vue, ouïe), ainsi que des sensations résultant du jeu des muscles de relation. Or

telle est la question que posent maintenant les expériences faites par Sherrington en 1900 et notre observation, poursuivie depuis 1905, d'une malade rencontrée
d'abord à Sainte-Anne.

Les sensations somatiques étant abolies chez cette
femme alors que la plupart des réactions et sensations
mimiques sont conservées et normales, cette personne
capable de s'expliquer déclare spontanément, avec la
netteté la plus parfaite, qu'elle ne ressent plus d'émotion
subjective. On doit de même douter qu'il en ait été
ressenti par les chiens du physiologiste anglais. La donnée proprement affective, dans toute émotion, paraît
être constituée seulement par les sensations viscérales ;
quant aux phénomènes mimiques, conformément à
l'opinion courante et contrairement à la conception particulière du psychologue W. James, ils sont, non point
les facteurs, mais l'expression de l'émotion.

A la théorie périphérique de l'émotion présentée par
Lange et James, nous sommes ainsi conduits à opposer
une explication nouvelle de la production physiologique
de l'émotion. La théorie viscérale de l'émotion, que
nous proposons, est à la fois périphérique et centrale :
elle repose sur une analyse expérimentale, encore
incomplète sans doute, des impulsions centro-péri-
phériques et des sensations périphérico-centrales qui
conditionnent l'émotion ; elle présente comme étoffe
des chocs affectifs les sensations viscérales, considé-

rées tout aussi bien dans leurs aboutissements cérébraux que dans leurs origines extra-cérébrales; elle
considère comme distincts de l'affectivité proprement
émotive les facteurs mimiques, intellectuels, actifs du
complexus sentimental.

La formule de la production physiologique de l'émotion et de son expression devrait dès lors être établie
comme suit (comparer avec la formule ci-dessus,
p. 94) :

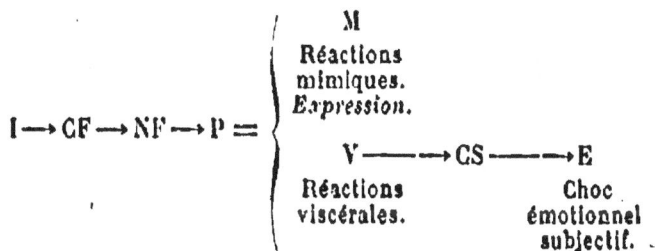

$$I \longrightarrow CF \longrightarrow NF \longrightarrow P = \begin{cases} \text{M} \\ \text{Réactions} \\ \text{mimiques.} \\ \textit{Expression.} \\ \\ V \longrightarrow CS \longrightarrow E \\ \text{Réactions} \qquad\qquad \text{Choc} \\ \text{viscérales.} \qquad\qquad \text{émotionnel} \\ \qquad\qquad\qquad\quad \text{subjectif.} \end{cases}$$

THÉORIE VISCÉRALE DE L'ÉMOTION

CHAPITRE IV

OBJECTIONS ET RÉPONSES

Premières objections de M. H. Piéron. — Secondes objections de M. H. Piéron.

L'explication physiologique de l'émotion que nous venons de présenter a suscité des objections qui ne l'ont pas jusqu'ici entamée, mais qui ont décelé un certain nombre de points sur lesquels un lecteur peut être arrêté par des obscurités ou des confusions que quelques mots suffisent en général à dissiper.

PREMIÈRES OBJECTIONS DE M. H. PIÉRON

Contre la théorie viscérale de l'émotion, M. H. Piéron a formulé une première série d'objections à la *Société de Psychologie* (séance du 12 avril 1907), dans une communication intitulée : *La question d'un centre sous-cortical des émotions et la théorie périphérique*[1]. Voici le texte même de ces objections et de la discussion qui en est résultée.

1. Publiée dans *Journ. de Psychol. norm. et pathol.*, 1907, IV, pp. 335-338.

« On admet généralement, comme un véritable axiome, que tout phénomène psychique, y compris l'émotion, doit avoir son siège dans l'écorce cérébrale, et que les noyaux gris sous-corticaux, dont les fonctions sont encore fort obscures, ne peuvent constituer que des centres de relai. Or, il y a là une proposition qu'il y aurait besoin de démontrer et sur laquelle il n'est point possible de s'appuyer comme si elle était une base solide pour le raisonnement, il existe même des faits qui semblent bien s'opposer à ce qu'on puisse l'admettre.

» Les expériences de Sherrington, qu'a longuement exposées dans le *Journal de Psychologie* M. Revault d'Allonnes, étaient de nature à porter un rude coup à toute conception périphérique des émotions, puisque des chiens rendus « apesthésiques », c'est-à-dire privés des données centripètes provenant de leurs viscères et de presque tout leur corps, manifestèrent encore des émotions habituelles de crainte, joie et colère, et même, fait plus intéressant encore, une émotion de dégoût dans des circonstances nouvelles (viande de chien mélangée aux aliments). Seulement il s'agissait d'animaux ne pouvant entrer en communication avec l'expérimentateur par le langage, et chez qui l'existence des émotions était induite, par analogie, d'une mimique d'ailleurs très expressive ; et l'on pouvait dès lors faire à ces résultats diverses objections d'inégale valeur. L'une d'elles pouvait être de grand poids et elle a été exprimée avec force par M. Revault d'Allonnes : s'appuyant sur les expériences de Bechterew qui constata la conservation de la mimique émotionnelle chez des animaux privés d'écorce, il conclut à l'indépendance de la mimique émotionnelle et de l'émotion, de la mimique qui, selon Bechterew, serait sous la dépendance des couches optiques, et de l'émotion qui exigerait l'intervention du pallium. Dès lors de la mimique conservée chez les chiens apesthésiques on ne pourrait conclure à l'existence du phénomène émotionnel psychique. Mais tout le raisonnement repose sur cette proposition relevée au début, que l'animal privé d'écorce ne peut ressentir d'émotion, tandis qu'il est possible que le phénomène psychique émotionnel ait son siège, sinon sous les couches optiques, du moins dans le corps strié, qui est, embryologiquement, à peu près équivalent, comme niveau hiérarchique, au pallium. C'est là chose possible théoriquement, c'est chose probable expérimentalement[1], si l'on se base sur les belles recherches de Pagano relatives aux fonctions du noyau caudé.

» Ce physiologiste, par excitations locales avec quelques dixièmes de centimètre cube d'une solution colorée de curare injectés en des points déterminés du cerveau, a constaté que, lorsqu'à l'autopsie il constatait que l'irritation avait porté sur le tiers antérieur et le tiers moyen de la tête du noyau caudé, il avait obtenu des peurs très exagérées du chien en expérience, et, lorsque l'injection avait atteint le tiers postérieur, des phénomènes d'irritation et de colère pour les causes les plus futiles.

» Si l'on rapproche ces faits de la conservation des expressions émotionnelles dans les expériences de Bechterew, qui proviennent peut-être d'un centre de relai placé dans les couches optiques, mais qui peuvent correspondre à un phénomène psychique se produisant dans le corps strié, on est bien tenté de voir dans ces ganglions sous-corticaux le siège de l'émotion. On peut objecter que, dans les expériences de Pagano, l'écorce étant conservée, c'est dans l'écorce que se produisent ces phénomènes émotionnels. Mais, étant donné que cette augmentation d'émotivité d'une nature particulière par excitation d'une région déterminée du noyau caudé, ne se produit pas du tout aux environs de cette région, il y a bien des chances pour que là soit le siège du phénomène en question. C'est ce qu'on admet nécessairement dans toutes

1. Si on se base sur le caractère inférieur de l'émotion, proche des phénomènes organiques, soustraite en général à la volonté par rapport aux autres phénomènes psychiques, la localisation dans les ganglions basilaires prend, au point de vue théorique même, une singulière vraisemblance (*Note de M. P.*).

les tentatives pour établir des localisations cérébrales.
Autrement les phénomènes qui seraient dus à l'excitation ou
à la lésion des lobes frontaux pourraient aussi bien être
attribués aux lobes occipitaux ou temporaux si on attribuait
à l'écorce ce qui s'obtient par excitation du noyau caudé. Et
d'ailleurs les expériences de Bechterew apporteraient ici un
appui à celles de Pagano. Sans être donc absolument démontré, le siège sous-cortical des émotions chez le chien est
extrêmement probable [1], et comme les expériences de Sherrington ont été faites également sur le chien, une grosse
objection, non décisive d'ailleurs, à ces expériences, perd
son point d'appui, et l'existence d'émotion en dehors de tout
appoint périphérique et en particulier viscéral, devient
extrêmement probable chez le chien, et très probable aussi
chez l'homme. »

À cette objection j'ai répondu :

Il est possible que les expériences de Pagano appor-
tent quelque chose sur la participation de *noyau caudé*
à la mimique émotionnelle automatique, et ajoutent
aux résultats déjà acquis par Bechterew et ses élèves,
concernant les centres sous-corticaux de cette fonction.
Mais elles ne sauraient, semble-t-il, donner appui ni à
la théorie de l'émotion à laquelle Sherrington incline,
ni d'ailleurs à l'objection que je me suis permis d'opposer à un postulat du grand physiologiste anglais. Il

1. On ne peut affirmer qu'il en soit de même chez l'homme; les fonctions des diverses régions de l'axe cérébro-spinal changent en effet au
fur et à mesure de l'évolution. Les poissons présentent divers phénomènes psychiques, de mémoire, d'émotion, etc., sans avoir de pallium,
leur encéphale étant composé uniquement de ganglions basilaires. Néanmoins on est souvent en droit de conclure du chien à l'homme. Des
expériences sur des singes supérieurs seraient désirables pour appuyer
cette analogie (*Note de M. P.*).

a coupé au bistouri, chez des chiens, toutes les voies nerveuses d'aller et retour (moelle et nerfs) unissant le cerveau au tronc et aux membres, à l'exception d'un minime territoire. Le cerveau, y compris le *noyau caudé*, ne reçoit plus que les incitations visuelles, auditives, olfactives, gustatives, il ne lui arrive plus d'incitations viscérales. Or certaines expressions physionomiques continuent néanmoins à se produire avec à-propos. Sherrington est près d'en conclure que l'émotion psychique est conservée, et c'est contre cette proposition que j'ai élevé un doute [1]. Je continue à l'élever après l'intéressante communication que nous venons d'entendre. Que le centre de la mimique automatique s'étende au *noyau caudé* en même temps qu'au *thalamus*, c'est fort intéressant et déjà connu [2]; mais la question reste intacte de savoir si une mimique inémotive automatique, à base purement sensorielle et cérébrale, ne peut pas subsister et s'exercer en l'absence de l'état psychique proprement affectif.

M. Piéron a insisté dans les termes suivants :

« Je reconnais très bien que les expériences de Pagano ne peuvent résoudre définitivement la question de la théorie périphérique de l'émotion. Mais on ne peut affirmer que ces expériences concernent seulement la participation du noyau caudé à la mimique émotionnelle, car j'ai montré tout ce qu'avait de vraisemblable le rôle du noyau caudé pour l'émo-

1. *Journal de Psychologie*, 1906, 1, 2.
2. V. *J. de Psych.*, 1906, p. 136, l. 9.

tion, phénomène psychique. Et c'est la vraisemblance de ce rôle qui affaiblit singulièrement les conclusions qui pouvaient être tirées des expériences de Bechterew et opposées à celles de Sherrington, et que croit pouvoir maintenir M. Revault d'Allonnes. »

A ces critiques de M. Piéron j'ai donné les réponses que voici :

1° Sherrington pose seulement une question et s'abstient formellement de toute conclusion ;

2° D'autre part, un de ses postulats se trouve contestable : il ne conçoit pas l'indépendance, pourtant démontrée, de la mimique et de l'émotion ;

3° Les expériences de Pagano, auxquelles M. Piéron fait allusion, paraissent confirmer la participation du *noyau caudé* à la mimique. Mais le *noyau caudé* participe-t-il à l'émotion même ? Tant que l'écorce hémisphérique est intacte et que sont intactes ses connexions avec le *noyau caudé*, la vraisemblance est que le phénomène mimico-émotionnel relève, chez l'homme, de l'écorce pour sa partie émotionnelle, du *thalamus* et des *noyaux caudé* et *lenticulaire* pour sa partie mimique. Exclure par une interprétation l'écorce quand elle n'est pas exclue anatomiquement, voilà l'arbitraire ;

4° Enfin, pour ce qui est des origines périphériques, viscérales par exemple, des incitations affectives qui viennent aboutir aux centres de l'émotion, ce que l'on peut en savoir subsiste, soit que le centre d'aboutisse-

ment se trouve être l'écorce, soit qu'il se trouve être
le *noyau caudé*, mais rien jusqu'ici ne permet de le
supposer.

SECONDES OBJECTIONS DE M. PIÉRON

Ces réponses n'ont pas satisfait mon critique. Il a
réédité et complété ses contradictions en un article [1]
d'où l'on peut extraire les objections suivantes. Pour
plus de clarté, je les numéroterai et je les ferai suivre
une à une de la réplique qu'elles comportent.

1° Dans le schéma I [2], objecte M. Piéron, « je comprends
mal l'arrivée aux centres récepteurs d'impressions somatiques qui ne paraissent aucunement provoquées par les excitants sensoriels ou intellectuels [3]... »

Réponse : Ce schéma n'a pas pour but d'expliquer la
production des impressions somatiques ; elle est expli-
quée ailleurs, dans le contexte. Des modifications viscérales conscientes peuvent être suscitées soit localement, extra-cérébralement ; soit par des excitations
sensorielles et intellectuelles (voir, ci-dessus, les formules des pp. 94 et 137).

2° Les expériences de Pagano paraissent établir véritablement « la localisation de l'émotion dans le corps strié... En

---

1. H. PIÉRON. La théorie des émotions et les données actuelles de
la physiologie, *Journal de Psychol. norm. et pathol.*, 1907, V. pp. 439-
451.

2. V. ci-dessus, p. 130.

3. *J. de Psych.*, 1907, p. 449.

l'état actuel de la science, je crois qu'on est en droit de considérer comme provisoirement acquis le siège sous-cortical de l'émotion[1]. »

J'ai déjà répondu à cette objection. Sur les centres cérébraux de l'émotion, la discussion est ouverte. Dans notre schéma I [1], il est incertain si le centre CS, par exemple, est cortical ou subcortical. Il est possible que des expériences comme celles de Pagano rendent de plus en plus vraisemblable que le noyau caudé est un organe participant à la production de l'émotion élémentaire. Mais quand bien même cela serait, les centres de l'émotion, ou pour mieux dire, l'appareil de l'émotion, à centres multiples et hiérarchisés, n'en resterait pas moins, localement ou fonctionnellement, indépendant de l'appareil nerveux de la mimique ; et la question subsisterait intacte de savoir jusqu'à quel point l'organe cérébral de l'émotion peut se passer, pour fonctionner émotionnellement, de telles ou telles incitations périphériques, soit actuelles, soit anciennes, et en particulier, des incitations mimiques et des incitations viscérales.

3° « Les conclusions de Bechterew, qu'a tout naturellement adoptées M. Revault d'Allonnes, doivent être complètement remaniées depuis que l'on connaît les faits mis en évidence par Pagano :

» Si chez un chien privé d'écorce on obtient, sous l'influence

1. *J. de Psych.*, 1907, pp. 445 fin ; 447.
2. Ci-dessus, p. 130.

des excitants appropriés, les réactions affectives, il ne faut pas attribuer ce résultat au thalamus, mais au corps strié qui persiste chez les animaux privés d'écorce, et, en particulier au noyau caudé.

» Le thalamus est nécessaire à l'expression de l'émotion, mais ne peut suffire à une expression d'émotion déterminée.

» L'origine de ces expressions complètes est dans le noyau caudé qui apparaît, non plus comme un centre d'expression de l'émotion, mais comme le siège de l'émotion elle-même.

» L'expérience de Bechterew, loin de s'opposer à celle de Sherrington, s'accorde au contraire pleinement avec elle. On ne peut plus dire en effet que le chat privé d'écorce qui ronronne, le chien maltraité qui grince des dents, présentent ces phénomènes expressifs, bien qu'il ne puisse plus exister chez eux d'affection, de joie, de colère ou de douleur, car c'est une pétition de principe indubitable que de dénier aux noyaux gris sous-corticaux toute valeur psychique et de faire de l'écorce le siège exclusif des faits de conscience.

» Les expériences de Pagano semblaient bien impliquer que les émotions avaient leur siège dans le corps strié ; les expériences de Bechterew où l'écorce ne peut plus intervenir justifient cette conclusion, qui était déjà aussi vraisemblable qu'aucune conclusion concernant des localisations cérébrales peut l'être.

» Dès lors on est peu fondé à opposer à Sherrington la possibilité d'existence d'une expression affective complète sous l'influence d'un stimulus approprié, sans émotion, car cette possibilité n'est rien moins que démontrée par les expériences de Bechterew [1]. »

M. Piéron est partisan du « siège sous-cortical de l'émotion ».

Vulpian [2] attribuait les sentiments élémentaires au

1. *J. de Psych.*, 1907, pp. 445-446.
2. Vulpian. *Physiologie du système nerveux*, 1886, p. 549.

Pont de Varole (protubérance annulaire). Ce centre sous-cortical produit des manifestations affectives sans relation avec des excitations mentales. Plus récemment de nombreux opérateurs, parmi lesquel Bechterew et Pagano, ont observé la production de manifestations affectives par d'autres centres sous-corticaux, contenus dans la *Couche Optique*, et dans le *Corps Strié*. Les purs psychologues eux-mêmes ont eu connaissance de ces faits. Höffding[1] rapporte qu'un rat privé des hémisphères et des tubercules optiques tressaille d'effroi quand on imite le miaulement du chat, tout à fait comme ferait un rat normal[2].

Or on peut mettre en doute, à notre avis, la légitimité des termes « émotions élémentaires », « manifestations affectives », « effroi ». Il se peut que dans tous les cas on ait seulement affaire à une conservation de l'automatisme mimique, et que les centres subcorticaux précités soient moteurs et non psychiques.

M. Piéron déclare arbitraire cette manière de voir.

Son opinion repose sur une interprétation des expériences de Pagano qui paraît peu soutenable, et sur une inacceptable conception générale des centres psychiques.

En irritant le *noyau caudé* d'un animal par ailleurs intact, Pagano obtient l'irascibilité et la pusillanimité,

---

1. Höffding. *Psychologie*, p. 358 de la trad. franç. Paris, F. Alcan.
2. Cf. Oppenheimer. *Physiologie des Gefühls*. Heidelberg, 1899.

selon la partie du *noyau caudé* qui a reçu l'injection.
Par suite de la présence du curare en tel point du tissu
nerveux, la moindre occasion provoque la fureur ou
la terreur chez un animal dont l'organisme est intact,
dont le système nerveux n'a subi aucune ablation ou
interruption analytique.

La conclusion légitime de ces intéressantes recherches
de Pagano, c'est la confirmation de ce fait, que le
noyau caudé fait partie des circuits nerveux en action
dans la colère et dans la peur, et que cette région de
l'encéphale est un important carrefour des voies mimico-
émotionnelles. Les écheveaux conducteurs qui s'entre-
croisent et qui relaient au *noyau caudé* contiennent
des voies (viscéro-sensitives à notre avis) dont l'excitation à cette étape par le curare met en jeu deux sortes
de mécanismes, ceux de la mimique et ceux de l'affectivité subjective.

Mais M. Piéron demande aux expériences de Pagano
ce qu'elles ne sauraient fournir. Rien n'autorise à attribuer à cet auteur, ni à émettre en dehors de lui comme
une conséquence de ses expériences, cette hypothèse
que les mécanismes de l'affectivité subjective sont contenus dans les étroites limites du *noyau caudé* lui-même,
et que, dans la production de l'émotion, le *noyau caudé*
n'est pas seulement un centre de relai, mais qu'il est
un centre d'aboutissement, « le centre de l'émotion »,
au sens où M. Piéron paraît prendre ce terme.

M. Piéron entend que l'affectivité subjective, l'émotion consciente accompagne l'excitation du *noyau caudé* même en l'absence, d'une part, de l'écorce cérébrale, et d'autre part des influx venant de la périphérie. Chez un animal décérébré, chez un animal apesthésié, et même sans doute chez un animal décérébré et apesthésié à la fois, pourvu que les *corps striés* soient indemnes, le *noyau caudé*, irrité par le curare, suffirait, dans cette conception, à engendrer des phénomènes affectifs conscients. Le *noyau caudé* serait le siège de l'émotion, c'est-à-dire un centre dont l'excitation, tout le reste de l'organisme étant exclu, produirait l'émotion, phénomène subjectif.

En premier lieu, cette conception ne résulte aucunement des expériences de Pagano. Les injections du physiologiste italien démontrent une fois de plus que le fonctionnement du *noyau caudé* est une condition nécessaire à la production de l'émotion subjective, ou du moins de deux émotions importantes, la colère et la peur. Mais d'une condition nécessaire à une condition suffisante, il peut y avoir loin. Il est possible, il est même extrêmement vraisemblable, comme nous le verrons tout à l'heure, que nombre de centres participent, concurremment avec le *noyau caudé*, à la production des états de conscience affectifs ; que l'action de chacun de ces divers centres isolément est une condition nécessaire, mais à elle seule insuffisante ; et que la

condition suffisante de l'émotion subjective, c'est la mise
en jeu de tout un circuit, de toute une chaîne nerveuse,
et non point l'accomplissement de telle ou telle étape
isolée. Des constatations de Pagano, M. Piéron tire des
conclusions inattendues. Tandis que ces recherches
prouvent avec une précision supérieure un fait d'ailleurs connu depuis longtemps, la participation du *noyau
caudé* à la production des émotions subjectives, M. Piéron leur fait signifier, ce qui est bien autre chose, qu'en
l'absence d'écorce et en l'absence des nerfs afférents (vis-
céro-sensitifs en particulier), le *noyau caudé* suffit à
engendrer des émotions conscientes. Cette interprétation
est purement arbitraire, elle se heurte à ce fait, que
dans les expériences en question, l'écorce n'est pas
absente et les nerfs centripètes ne sont pas coupés.

M. Piéron s'appuie constamment sur un postulat
inacceptable, qui est la source de toutes les objections
qu'il m'adresse. Ce postulat est une certaine conception générale des localisations cérébrales. M. Piéron
admet qu'il y a des centres psychiques, à peu près dans
le sens même où Gall l'admettait, c'est-à-dire une série
de sièges cérébraux des faits de conscience. Or toutes
les recherches récentes sur les localisations cérébrales
infirment cette vieille conception. Il semble qu'il existe
des centres réceptivo-excitateurs automatiques, dont la
réceptivité et la fonction excitatrice s'accomplissent en
dehors de tout psychisme, si l'on entend par psychisme

la subjectivité, la conscience. Ces centres excito-fonc-
tionnels, moteurs, mimiques, constituent, d'une manière
qui n'est pas tout à fait contraire à la conception de
Gall, un véritable clavier cérébral. Mais l'erreur fut
d'étendre cette conception aux fonctions proprement
psychiques, et c'est ce que fait encore M. Piéron. La
notion de *centres psychiques* est de plus en plus exclue
de la physiologie, comme dépourvue de clarté, et
même de signification ; elle est remplacée par celle de
cycles fonctionnels psychiques. Tout centre nerveux
apparaît comme un lieu de commutation, d'aiguillage,
de répartition, de dérivation, de multiplication des
influx nerveux, ébranlements matériels ; jamais un
centre particulier n'est conscient, psychique, sensible
subjectivement : il est seulement un appareil récepteur,
transmetteur, organisateur des influx afférents et efférents. La sensibilité subjective, l'affectivité, et en
général la conscience, supposent des actions d'ensemble,
le fonctionnement cyclique de vastes systèmes compo-
sés de centres multiples. Il y a une série de centres où
s'aiguillent les voies olfactives ; mais l'excitation nasale
ne donne lieu à une sensation d'odeur que si des va-
et-vient s'établissent, si des courants intercentraux
parcourent tout ou partie de ce cycle fonctionnel que
l'on appelle le rhinencéphale. De même les centres
visuels, auditifs, tactiles, ne sont pas, considérés isolément, des centres psychiques, mais il y a des cycles

psychiques intercentraux, l'ophtalmencéphale, l'otencéphale, etc. De même enfin il y a des centres où les excitations se distribuent aux muscles, et tels sont les centres de l'équilibre, de la locomotion, de la mimique; ils organisent systématiquement des réactions d'origine héréditaire, et aussi éducative, sociale. Certains d'entre eux, le *noyau caudé* par exemple, font éventuellement partie du circuit affectif; ils peuvent fonctionner de deux manières: soit comme centres mimiques inémotifs, si le circuit affectif est dissocié; soit comme étapes et éléments du circuit affectif, dont seul le fonctionnement cyclique intégral suffit à produire l'émotion consciente.

Une conception périmée des *centres psychiques*, une interprétation arbitraire des expériences de Pagano, voilà donc, semble-t-il, ce qui empêche jusqu'ici notre ami M. Piéron d'adhérer à la théorie viscérale de l'émotion.

4° Une dernière objection arrête encore M. Piéron. Si l'on admet que les chiens opérés par Sherrington sont privés d'émotions, si la rupture du cycle affectif entre les viscères et le cerveau produit l'inémotivité en même temps que l'apesthésie, alors on se heurte à un fait constaté par Sherrington. On ne peut expliquer « à moins de sophistiquer à outrance » comment une chienne apesthésique et, prétend-on, inémotive a pu, sans ressentir le dégoût, se détourner avec une mimique de dégoût, lorsque, pour la première fois, on lui présenta, dans son lait, de la viande de chien.

Je réponds que l'expression « ressentir du dégoût » prête à confusion, et qu'elle peut avoir trois sens bien distincts. Il y a trois sortes de dégoût : le dégoût-nausée, le dégoût-répugnance, le dégoût inémotif.

Le dégoût-nausée est une émotion-choc viscérale. Il se présente à peu près brut, non compliqué d'adjonctions intellectuelles ni actives, pendant les premières secondes où il surgit tout à coup chez quelqu'un qui, à son insu, a avalé une substance vomitive dissimulée dans ses aliments.

Le dégoût-répugnance est une émotion-inclination. Il est fait d'un dégoût-nausée plus ou moins intense et souvent très faible, qui vient parachever, en lui conférant une tonalité affective, un conflit psychologique. Une légère note d'émotion stomacale s'adjoint en sourdine à une aversion. La résistance d'instincts, d'habitudes, d'inclinations contrariés d'une certaine manière porte comme un coefficient émotif, qui est une angoisse gastrique. La menace du contact froid et gluant d'un crapaud aux bonds imprévus, l'impossibilité d'accepter une action sans noblesse, l'idée de serrer une main méprisée, voilà des répugnances capables de susciter une nuance de malaise digestif.

Enfin, le dégoût inémotif est le phénomène précé-

dent, moins l'onde émotionnelle gastrique. En l'absence
de la sensation viscérale nauséeuse et, par conséquent,
du dégoût proprement émotionnel, une répugnance
peut exister et se traduire en réactions mimiques
automatiques de refus instinctif et en actes intel-
ligents de refus volontaire. Les émotions ne sont
pas les seuls sentiments ; ce dégoût sans appoint viscéral émotionnel, voilà un sentiment inémotif. Tandis que les deux premières espèces de dégoût ci-dessus
décrites sont des émotions, cette troisième espèce n'en
est pas une ; il faut lui trouver un autre nom, tel que
celui d'inclination consciente inémotive. La puissance
active d'un complexus psychologique ne réside pas tout
entière dans sa partie émotionnelle. Vouloir, refuser,
rechercher, fuir sont encore possibles, non seulement
par réflexion, mais aussi d'une manière habituelle, et
même d'une manière impulsive, instinctive, sentimentale, en l'absence des sensations affectives. Alors même
que l'appoint émotif fait défaut, une inclination, qu'elle
soit acquise ou héréditaire (instinct), peut exister et
produire les réactions automatiques et volontaires
appropriées[1].

En trouvant dans son lait de la viande de chien, la
chienne apesthésique ressent du dégoût, mais ne ressent pas d'émotion. Le bistouri a mutilé ses sentiments
et n'en a laissé subsister que la partie inémotive. Mille

1. V. ci-dessus, pp. 24-55.

observations nous apprennent que l'aversion pour la chair de ses semblabes est innée chez le chien, et que cette odeur et cette saveur lui sont antipathiques dès la première rencontre. Il y a là une répugnance instinctive héréditaire. On ne voit pas pourquoi l'abolition, par une ingénieuse vivisection, des sensations qui normalement communiquent un timbre affectif à ce puissant sentiment, devrait abolir le sentiment lui-même. Il existe indépendamment de son retentissement émotionnel, puisqu'il préexiste à l'épreuve. Ressentir un dégoût inémotif, c'est, devant une donnée, prendre conscience, même en l'absence d'angoisse viscérale, de résistances psychologiques insurmontables, d'un retrait de tout l'être, d'un refus instinctif et, au besoin, délibéré. Privée d'émotions par la rupture anatomique du cycle affectif entre les viscères et l'encéphale, la chienne de Sherrington en est réduite à son intelligence, à sa mémoire, à une partie de son automatisme moteur et de ses mouvements volontaires, à ses habitudes, à ses inclinations, à ses instincts ; aucune de ces fonctions n'est abolie, elles sont seulement diminuées, dépouillées de toute affectivité.

Dans la théorie viscérale de l'émotion, M. Piéron n'a pas jusqu'ici aperçu l'analyse du phénomène ordinairement appelé « émotion » dans la psychologie française contemporaine, et la décomposition de ce complexus en un élément proprement affectif, auquel seul convient le terme « émotion », et d'autre part en un ensemble systématique d'éléments inémotifs, l'inclination consciente, capable de subsister et d'agir en l'absence de l'émotion proprement dite.

TROISIÈME PARTIE

LES INCLINATIONS ET LA DISSOCIATION PATHOLOGIQUE DES SENTIMENTS

CHAPITRE PREMIER

DISSOCIATION DU SENTIMENT DU TEMPS

PSYCHOLOGIE DU TEMPS

Parmi les dissociations du sentiment présentées les unes par les sujets normaux, les autres par les sujets atteints de troubles psychologiques, nous étudierons en premier lieu les dissociations du sentiment du temps, qui se comporte, nous allons le voir, comme une véritable inclination.

Les *troubles de la perception du rythme* ont été étudiés sous le nom d'*arythmie*. La *désorientation dans le temps* a été ramenée à deux causes principales ; elle résulte parfois d'une *amnésie*, c'est-à-dire d'une perte des souvenirs : les confus mentaux s'embrouillent dans les dates comme dans toutes leurs connaissances ; elle provient d'autres fois d'une *paramnésie*, c'est-à-dire d'une illusion de mémoire : par exemple les malades fréquemment sujets à ce trouble émotif récemment étudié sous le nom de « sentiment du déjà vu » en arrivent parfois à la persuasion que la vie actuelle répète des expériences antérieures, et au refus d'accepter le millé-

sime de l'année en cours. Chéz les « psychasthéniques »,
M. Pierre Janet a observé l'incomplétude du *sentiment
du présent*, et il a considéré comme une opération trop
précise, trop positive pour ces affaiblis la fonction de
présentification, l'intérêt à la vie, le sens de l'actuel.

D'autre part, chez les sujets normaux, M. H. Bergson
a distingué la conception du temps objectif, mathématique, infini, abstrait, qu'il ramène à des sources pratiques et sociales, et la perception sentimentale de la
durée vécue ou plutôt vivante, qu'il tient pour une
donnée « concrète » et immédiate à la conscience. Ces
différentes vues des philosophes, psychologues et alié-
nistes contemporains, paraissent contenir les éléments
d'une théorie générale du temps. Et voici comment, de
leurs travaux et aussi d'observations et d'expériences
personnelles, nous croyons pouvoir dégager les bases de
la *psychologie du temps*.

Il convient de distinguer le temps sensoriel, le temps
affectif et le temps intellectuel. Il y a trois fonctions
temporelles, trois mécanismes psychologiques d'où résulte notre perception et notre connaissance du temps.

1° *Le temps sensoriel.* — La perception sensorielle du
temps est fine et à courte portée. Les excitations
visuelles, auditives, tactiles laissent des souvenirs
immédiats fort vivants qui sont des sensations persistant pendant une courte durée au delà de l'impression.
Cette persistance de l'image mentale immédiate ne

paraît guère dépasser quinze à vingt secondes au maximum. Dans les limites de cette courte durée, les souvenirs sensoriels immédiats sont extrêmement précis, et si une sensation nouvelle survient avant que l'image immédiate de la précédente soit éteinte, la comparaison peut avoir lieu. Nous pouvons déclarer avec quelque justesse l'inégale durée de deux excitations alternantes, alors même que cette inégalité est inférieure à $0'',1$. La finesse de comparaison des durées est d'ailleurs variable suivant les sens, et entravée par le chevauchement et par la fusion des sensations consécutives. Le toucher peut avoir en une seconde jusqu'à 60 sensations successives séparées au front (provoquées par exemple par des étincelles électriques), et jusqu'à 1.000 sensations successives séparées au bout du doigt (le doigt frôlant une roue dentée qui tourne ou un diapason qui vibre). L'ouïe a moins de finesse discriminative pour la succession : une seule oreille distingue les bruits de deux étincelles électriques séparés par $0'',002$, et si l'on écoute avec les deux oreilles à la fois, le discernement s'abaisse à 0,064. La vue discerne encore moins finement le successif, car sous un éclairage moyen, la fusion des images consécutives commence à partir de 24 successions par seconde.

La perception sensorielle des successions et des rythmes est donc d'une acuité très grande, mais par contre elle est renfermée dans des durées totales très

courtes. Ce que l'on pourrait appeler les mémoires sensorielles immédiates constitue un premier groupe de
fonctions psychologiques temporelles.

2° *Le temps affectif*. — Les sensations internes de notre
corps se déroulent suivant les rythmes des fonctions
physiologiques. Certaines péripéties organiques décom-
posent d'une manière consciente, mais ordinairement
non réfléchie, la journée et la nuit en une série de
phases. Les phases digestives sont des alternances d'appétit et de lourdeur stomaco-intestinale au nombre de
trois à quatre dans la journée. Les phases respiratoires
sont beaucoup plus rapides, elles durent un peu moins
de trois secondes en moyenne, d'une inspiration à la
suivante; les sensations respiratoires sont conscientes,
mais ordinairement non remarquées, et c'est surtout
d'elles que nous nous servons pour apprécier les durées
de quelques minutes. Le rythme cardiaque, quelque peu
perceptible au cou, est beaucoup plus rapide, il bat plus
vite que la seconde. Le rythme vésical varie suivant les
sujets, les saisons, la nature des boissons, etc. : il découpe
une journée en une série de besoins et de tranquillités
urinaires. Indépendamment des horloges publiques et
de notre montre personnelle, nous possédons une clep-
sydre intime, notre vessie, et tout un système d'avertis-
seurs chronométriques à rythmes variés, intestin, pou-
mon, cœur, artères : et voilà un second groupe de
données psychologiques temporelles, ayant pour

domaine les durées moyennes, de quelques heures.

3° *Le temps intellectuel.* — Par les deux groupes précédents de fonctions, sensorielles et viscérales, nous percevons le temps en train de s'écouler. Mais nous possédons en outre une troisième catégorie de fonctions temporelles, purement cérébrales celles-ci, et qui nous permettent de prolonger le temps perçu par un temps conçu. Ces fonctions sont l'association des idées, la mémoire des idées, des images et des symboles, et aussi le langage. On appelle intelligence l'ensemble de toutes ces fonctions, et l'acte intellectuel par excellence consiste à considérer une donnée, quelle que soit sa nature, non pour elle-même, mais comme substitut d'une ou plusieurs autres données absentes; dès lors cette donnée est employée comme moyen en vue d'un but ou comme signe pour suggérer autre chose; cette substitution, cette symbolisation est à la base de toutes les opérations intellectuelles. Or elle nous sert en particulier à construire un temps homogène et infini. De notre expérience passée lointaine nous avons conservé un certain nombre d'images simplifiées qui seules émergent : ces souvenirs nous servent de points de repère et jalonnent notre passé; d'autre part, nous avons des connaissances cosmographiques et astronomiques plus ou moins complètes, il y a des calendriers, des usages sociaux périodiques, des saisons qui se succèdent. Ainsi se constitue un temps abstrait, scientifico-social, dont la conception et l'usage nous sont familiers, et grâce auquel nous parvenons, par une opération simple et habituelle, à nous faire une idée des siècles passés et futurs.

PERTE DE LA PERCEPTION DU TEMPS AFFECTIF

Je connais une malade qui, depuis trois ans, se plaint de ne plus ressentir l'écoulement du temps. Cette femme est atteinte d'une anesthésie assez complète des sensasions organiques affectives. Elle ne sent pas vivre son corps, elle est privée des données viscérales qui nous orientent dans la durée vécue et qui nous donnent, non seulement le sentiment de l'écoulement du temps, mais aussi le sentiment de l'intérêt de la vie, de l'importance du présent.

Ce trouble est loin d'être rare. Il se rencontre au cours d'états pathologiques à définitions médicales fort diverses. Parmi les mélancoliques, les hystériques, les psychasthéniques, il y a des malades pour qui les heures ne durent plus. Ils ne sentent plus passer le temps, il leur semble qu'ils sont dans l'éternité et qu'ils assistent à la vie des normaux comme à un spectacle tout à fait étranger ; ils ont l'impression d'être des habitants d'une autre planète ou des morts regardant vivre des vivants. Ils voient les journées s'en aller et les saisons se succéder sans se sentir modifiés eux-mêmes. Tandis que l'horloge a avancé de six heures ou le calendrier de six mois, c'est toujours pour eux la même chose, et leur temps intérieur n'a pas avancé d'une seconde. Cette immutabilité ne peut pas être appelée un perpétuel présent, car ils sont même en dehors du présent, leur propre vie, la circonstance actuelle les laisse froids. Pour le normal, la minute présente est vivante, chaude, palpitante ; les durées écoulées ont beau être oubliées, méprisées, toujours il y a un point de contact avec la vie et quelque chose qui nous y attache, c'est la minute que nous sommes en train de brûler. Mais pour les sujets frappés d'anesthésie des sensations organiques internes et qui ont perdu la perception affective de la durée en cours, le présent est dépouillé de toute tonalité émotionnelle.

Or ces malades privés du *temps affectif* peuvent très bien avoir conservé d'autre part le *temps sensoriel* et le *temps intellectuel.*

C'est le cas d'Alexandrine. Par le tact, le « sens musculaire » et la vue, elle perçoit comme tout le monde le mouvement, c'est-à-dire la continuité dans la succession, et aussi le rythme, c'est-à-dire la discontinuité périodique dans la succession. Elle juge correctement les mouvements qu'elle voit. Les yeux bandés, elle juge bien aussi les déplacements d'une tête d'épingle promenée sur sa peau, ainsi que les mouvements soit communiqués, soit automatiques, soit volontaires de ses membres et de son visage. A peu près normale est, de même, sa perception du rythme. Je lui ai fait écouter des séries de dix battements de métronome, en la priant de dire chaque fois si le rythme de la dernière série entendue lui paraissait égal à celui de la série précédente, plus rapide, ou plus lent. Je lui ai fait subir des séries de secousses électriques à intervalles variés, en la priant de comparer les vitesses de ces intervalles. Ses réponses ne sont pas très différentes de celles de sujets normaux soumis aux mêmes expériences.

Cette conservation de la perception sensorielle ou sensori-motrice du temps et du rythme a permis à Alexandrine de conserver aussi la représentation intellectuelle du temps. Elle construit mentalement le temps abstrait par les mêmes artifices d'imagination que les normaux. Depuis sa maladie, depuis qu'elle ne sent plus durer le temps affectivement et viscéralement, elle n'a plus ce sentiment constant, que nous avons tous, de l'heure qu'il est à peu près. A chaque instant elle est obligée d'aller regarder la pendule. De même qu'elle ne sent pas, mais juge qu'elle doit se mettre à table, aller à la selle, aller se coucher, embrasser son fils, de même et sans doute pour les mêmes raisons elle ne sent pas le temps, mais le juge. Elle connaît l'heure, au cours d'une journée, exactement comme elle connaît et comme nous connaissons l'année, le mois, le jour de la semaine, c'est-à-dire par des procédés mné-

motechniques, par des points de repère, par des raisonnements. Elle guette les sonneries d'horloge, la hauteur du soleil, et, à Sainte-Anne, elle se guidait sur ce
que l'on fait à heures fixes dans la clinique. Étant privée
des données organiques internes qui sont pour le normal la trame d'une durée affective vivante, elle n'a,
comme moyens d'orientation dans la durée d'un jour,
que des procédés intellectuels, des inductions fondées
sur des données externes : « Le matin, le midi, le soir,
c'est pour moi la même chose, il n'y a pas de différence.
Je ne juge plus la longueur d'une journée. Quand on
est bien portant, on sent quelque chose qui vous fait
dire : C'est le moment de faire ceci ou cela. Mais maintenant, tous les moments sont pareils, je ne les juge
plus. Je ne peux plus fixer les temps. Avant, je sentais
quelle heure il pouvait être, soit par la faim, soit par
la fatigue ; je me sentais vivre. Maintenant, je ne sens
plus mon corps, c'est comme si je n'étais plus sur la
terre, je ne sens pas si je vis, je ne sens pas si je suis
au monde. Avant, je sentais le froid, le chaud, la faim,
le besoin. Maintenant, il n'y a plus rien, je ne peux me
baser sur rien pour sentir le temps. »

Aussi Alexandrine est-elle obligée de construire sans
interruption le temps abstrait, alors que les normaux
peuvent s'en dispenser. Mille sensations confuses nous
viennent constamment de la vie de notre corps, et ces
sensations viscérales déroulent à des allures diverses

leurs phases, de sorte que l'apogée d'une sensation fonctionnelle est accompagnée de la naissance d'une autre
et du déclin progressif d'une troisième. Aussi pouvons-
nous sans inconvénient nous arrêter assez longtemps
de noter attentivement les coexistences et successions
du monde extérieur; un déroulement d'états affectifs
remplit la lacune, et, s'il faut, nous savons apprécier
approximativement le temps objectif par la durée subjective. Mais Alexandrine en est réduite à se tenir continuellement, par un effort soutenu d'attention, au courant
du progrès des horloges, soit en les écoutant sonner,
soit par des inductions raisonnées ; et si ce travail
d'orientation intellectuelle est arrêté, si l'on emmène
Alexandrine loin de ses repères habituels, dans un
autre quartier, la voilà perdue, égarée dans le temps;
elle ne sait plus du tout quelle heure il peut bien être,
car la lacune n'a pas été comblée par une succession
continue d'états affectifs.

Ainsi donc, les malades privés, par suite d'anesthésie
viscérale, de la perception affective de la durée vivante,
peuvent très bien avoir conservé d'autre part la construction intellectuelle et artificielle du temps abstrait.
Ils peuvent être capables de raconter leur biographie
exactement, de dire l'année, le mois, le jour où l'on est.
Orientés dans le temps abstrait, dans le temps de la
mémoire intellectuelle et du raisonnement, ils sont
désorientés dans la durée vivante en cours d'écoule-

ment. Ils sont comme des passagers qui, connaissant la carte de la Méditerranée et sachant que le bateau où ils sont se trouve entre la Corse et les îles Baléares, n'auraient que ces points de repère intellectuels, mais n'en auraient aucun de sensible, ne verraient aucune côte, aucun point fixe, et par suite ne percevraient pas la vitesse avec laquelle ils se déplacent.

Si l'on pouvait découvrir le mécanisme psycho-physiologique de ce trouble, cela nous renseignerait sur la psychologie du temps. Or les déclarations spontanées des malades nous mettent sur la voie d'une explication. Ce sont tous des malades qui n'ont plus d'émotions. Alexandrine se plaint de ne se sentir plus au cœur d'affection chaude pour les siens. Avant sa maladie, elle était très émotive et très aimante ; maintenant, quoi qu'il arrive à son mari ou à son fils, elle n'éprouve plus de choc affectif. A son absence d'émotions vivantes elle supplée par de froides préoccupations intellectuelles : « Comment se fait-il que je ne sois pas angoissée, alors que voilà mon mari malade ? Cette froideur de mes sentiments a tant duré que je ne puis plus espérer guérir ! » Cette femme ne ressent même pas les émotions physiologiques. Voici trois ans qu'elle n'a pas ressenti la faim, et après le repas elle ne se sent pas rassasiée ; c'est par désir intellectuel de vivre, c'est par un instinct de conservation inémotif, c'est par habitude, par principe et par raisonnement abstrait qu'elle se met à manger et qu'elle s'arrête de manger.

Le cas inverse, et pour ainsi dire la contre-épreuve, est présenté par les sujets, normaux ou malades, qui sont dépourvus, soit passagèrement soit durablement, de la conception intellectuelle du temps, alors que néanmoins ils continuent à avoir le sentiment de la durée qui s'écoule. L'ivresse, la confusion mentale dans la démence peuvent produire la désorientation intellectuelle dans le temps sans désorientation sentimentale. Le sujet ne sait plus en quelle année on se trouve, ni en quel mois, ni quel est le jour de la semaine, mais par contre il reste capable d'apprécier approximativement le moment de la journée, et de dire depuis combien de temps vous l'interrogez. Chez les normaux se produit fréquemment cette désorientation intellectuelle dans le temps avec conservation de l'appréciation de la durée immédiate en cours d'écoulement. Un normal qui fait la sieste peut, sans aller jusqu'au sommeil profond, se laisser détendre en un demi-sommeil, qui est un état de confusion mentale, où le temps abstrait, intellectuel, disparaît ; or il se peut que cet homme, même au sein de sa confusion mentale, conserve la perception viscéro-affective de la durée en cours, et qu'après trois quarts d'heure de repos, il se lève à l'heure fixée.

Le rôle psychologique de la perception viscéro-affective du temps et celui de la perception sensori-

motrice du temps sont donc bien distincts. Cette dernière est la sensation de la succession continue dans
les durées brèves, n'excédant pas quelques secondes ;
c'est la perception visuelle, tactile, musculaire du
mouvement et la perception visuelle, tactile, musculaire, auditive, etc., du rythme. La première est un sentiment vivant de la succession continue dans les durées
moyennes, n'excédant pas quelques heures ; ce sentiment de la durée vivante est essentiellement émotif, et
c'est par fusion progressive des émotions organiques
les unes en les autres, c'est par prolongement décli-
nant de chaque tonalité au sein de la suivante, c'est par
dégradations qualitatives, que l'évolution affective procède. Quant aux durées plus longues, excédant quelques heures, nous ne les percevons point, affectivement
ni sensoriellement ; nous pouvons seulement les imaginer, par des constructions mentales appuyées sur des
mécanismes naturels ou artificiels, matériels ou idéaux.

CHAPITRE II

DISSOCIATION DE LA MIMIQUE
ET DE
L'ÉMOTION DES INCLINATIONS
ET DES ÉMOTIONS

I. — La mimique inémotive. Perte de l'émotivité subjective avec conservation de la mimique et des inclinations.
II. — Objections et réponses : 1° Objection de M. H. Piéron et réponse ; 2° Objections de M. K. Oesterreich et réponses.

LA MIMIQUE INÉMOTIVE

Spontanément, sans avoir lu aucun livre de médecine ni été suggestionnée par aucun interrogatoire, Alexandrine est venue à l'asile Sainte-Anne demander un traitement qui lui rendît « ses sentiments perdus ».

« Je voudrais, déclarait-elle, avoir des émotions comme autrefois, par exemple du chagrin au sujet de mon mari, de mon fils, de moi-même. Voyez, Monsieur, je pleure, eh bien ! cela ne me touche pas, je ne sens rien. Autrefois, quand je pleurais, j'avais du chagrin ; maintenant, quand je pleure, cela ne me fait pas de peine.

— Mais vous êtes triste ?

— Sans doute, puisque je pleure. J'ai des raisons

d'être triste, ma maladie, ma séparation d'avec mon pauvre mari, et de mon fils, il a une santé si faible ! Non, ce ne sont pas les raisons d'être triste qui me manquent ; et je pleure ; mais cela ne me touche pas, je ne ressens plus rien.

— En pleurant, maintenant même, vous ressentez bien quelque chose.

— Non, Monsieur ; c'est cela qui est terrible : je pleure, mais c'est machinalement, sans rien sentir. Mes larmes coulent, mais je n'ai pas d'émotion. Tenez, mes yeux ne se fatiguent plus, seulement, quand je pleure.

— Vous sentez bien quelque chose à la poitrine, à la gorge, une étreinte.

— Quand je pleurais, avant, je sentais quelque chose à la tête, ou un sanglot ; maintenant, rien.

— Les larmes vous viennent-elles hors de propos ?

— Non, elles viennent quand je pense à mes malheurs ; c'est à ces moments-là que je pleure, mais sans émotion... Oh ! Monsieur, c'est un grand malheur, de ne plus éprouver ni bien, ni mal, ni repos, ni chagrin ; je suis là comme un manche à balai habillé... Voulez-vous me permettre une question, Monsieur ? Avez-vous déjà vu d'autres malades comme moi revenir, retrouver leur sensibilité ?

— Certainement ; d'ailleurs, vous-même avez déjà été malade d'une manière analogue, puis vous vous êtes guérie.

— Jamais cela n'avait été aussi marqué. Je n'avais jamais perdu mon amitié pour les miens...

— Cela ne vous a rien fait de venir ici?

— Cela ne m'a rien fait, Monsieur, cela ne m'a pas fait de peine... C'est moi qui éveillais l'enfant, le matin, car je n'ai jamais beaucoup dormi de ma vie, j'éveillais aussi mon mari, quand il était gendarme, à l'heure qu'il devait se lever. Maintenant, ça m'est égal de n'être plus là. Oh! écoutez, il vaudrait mieux que je souffre et que je revienne comme j'étais, plutôt que de continuer à ne rien sentir!

— Vous avez vu votre mari ce matin?

— Oui, Monsieur. Le pauvre chéri! (*Elle pleure.*) Cela ne me touche pas, Monsieur. Embrasse-moi, qu'il me dit; je l'embrasse, mais cela me fait comme si j'embrassais cette table, Monsieur, la même chose. Et il n'y avait peut-être pas un ménage comme le nôtre, pour s'aimer.

— Vous vous aimez bien encore?

— (*Pleurant.*) Maintenant je ne peux pas l'aimer comme avant! En moi, je l'aime, je suppose. Mais pas le moindre vibrement. Rien ne me fait vibrer sur la terre, rien au monde. Pas plus mon enfant que mon mari. Dire que je suis là comme un mannequin qu'on fait tourner!

— Votre fils va venir tout à l'heure?

— Oui; avant, j'aurais été impatiente, j'aurais à

peine mangé. Eh bien, je sais qu'il va venir, et puis voilà tout... (*Le fils entre. Elle le présente.*) Voyez, Monsieur, c'est mon fils.

— Vous avez bien un petit plaisir, de le voir.

— Non, Monsieur, aucune émotion : cela ne me fait pas chaud, comme avant, cela ne me touche pas. Voyez, voilà mon enfant (*sa voix s'altère*), eh bien ! je ne ressens rien, pas d'élan, mon cœur ne bat pas. Si ce n'est pas malheureux ! »

Avant la visite préparée du fils, les pulsations du cœur de la malade ont été comptées et le tracé de sa respiration a été enregistré. Au moment où le jeune homme est introduit, le pneumographe resté en place est remis en communication avec l'appareil inscripteur. La respiration est nettement modifiée ; les battements du cœur, comptés de nouveau au poignet, sont accélérés.

« Votre voix tremble, elle est changée, vous avez envie de pleurer ; votre respiration est plus rapide et votre cœur bat plus vite.

— Je ne m'en aperçois pas. Ma voix est changée ?

— (*Son fils*) : Oui. (*Il lui prend la main.*)

— Mon pauvre enfant, quand tu étais en retard de cinq minutes, je n'y tenais plus, je ne pouvais manger, il fallait que je descende. Maintenant, Monsieur, cela ne me fait rien de l'attendre et cela ne me fait rien de le voir. »

A diverses reprises j'ai soumis la malade à des épreuves. Je lui ai faussement annoncé la mort de son mari. Je l'ai accusée de crimes imaginaires, de mentir aux médecins, d'avoir trompé son mari. Tandis qu'un bandeau couvrait ses yeux, j'ai mis entre ses mains un cerveau humain frais, et j'ai posé un crâne sur la fenêtre, près de son visage, puis j'ai ôté le bandeau. Informé de son ancienne horreur pour l'huile de ricin, je lui en fais absorber dans des conditions particulièrement répugnantes. Ces expériences n'ont rien de cruel, s'il est vrai que l'émotion subjective n'est pas ressentie. Toujours la malade a affirmé, avec une évidente sincérité, qu'elle n'éprouvait point le chagrin, l'indignation, la colère, la peur, le dégoût dont pourtant elle ne manquait jamais de donner normalement et avec intensité les signes objectifs. Quand j'ai dû la mettre nue pour explorer sa sensibilité cutanée, cette femme, qui pendant vingt-six années de mariage ne s'était pas montrée ainsi à son mari, n'a pas ressenti la pudeur, bien que sa physionomie, son langage, ses mouvements volontaires et spontanés fussent ceux de la pudeur. « Oh ! s'écriait-elle à chacune de ces diverses expériences, dans quel état suis-je donc, mon cerveau est-il paralysé, pour que même ceci ne m'impressionne plus ! »

Un examen minutieux des diverses sensibilités de la malade révèle qu'elle est privée à peu près complètement de toutes les sensations affectives, et qu'elle a conservé à peu près normalement les sensations non affectives.

Sur la presque totalité de la surface du corps, la sensibilité de la peau à la douleur par piqûre est profondément altérée, alors que la sensibilité tactile est peu troublée; quand on pique Alexandrine en un point où la piqûre jusqu'au sang ne provoque aucune douleur, elle sent très bien le contact de la pointe et sa pénétration dans les tissus.

Quelque chose d'analogue se passe pour toutes les sensations de la malade : dépourvues de leur tonalité affective, elles sont réduites à n'être plus que de simples signaux, purement tactiles, inémotifs.

Alexandrine devine le besoin urinaire et le besoin défécatoire sans les ressentir émotionnellement. Elle est avertie par une sensation légère, qui n'a rien d'un tourment, d'une impulsion, mais qui est seulement un signal; pendant l'évacuation et après, elle n'éprouve pas de soulagement, de même qu'avant elle n'éprouvait pas de gêne. La sensibilité tactile des orifices lui permet de percevoir l'évacuation, mais sans aucune sensation affective locale.

Alexandrine n'a pas senti la faim ni la satiété depuis trois ans. C'est par principe et par habitude qu'elle se met à table, et si elle n'a pas soin de régler d'avance la quantité d'aliments à absorber, elle est exposée à ne pas s'arrêter de manger quand il faudrait. « Je ne sens jamais plus la faim, dit-elle. Tenez, maintenant, je bois bien le double de café au lait que chez moi. Je n'aurais pas pu boire tout cela autrefois. Ce n'est pas l'appétit qui me le fait faire : on m'en rapporterait un moment après, je le reboirais, et plusieurs fois. Je ne me sens ni faim ni rassasiée. J'ai prié Mlle Pauline de ne plus me mettre tant de lait, parce que cela m'en fait boire plus que je n'en buvais d'habitude. Je suis obligée de régler ma nourriture par réflexion, d'après ce que je mangeais avant. Je ne peux pas dire quand j'en ai assez ou quand je n'en ai pas assez. »

Le froid et le chaud sont très grossièrement appréciés et n'occasionnent ni malaise, ni bien-être :

« Vous tremblez.

— Peut-être que j'ai froid aux pieds, mais cela ne me gêne pas. Tenez, tout à l'heure ces dames disaient qu'il faisait froid ; je sentais un peu le froid, mais ça ne me touchait pas. Au soleil, je sens un peu le chaud, mais ça ne me touche pas.

— Cependant vous êtes mieux au chaud ?

— Je suis mieux au chaud ; j'étais très frileuse. Quand je me changeais, j'aimais le feu. L'hiver, j'aimais m'approcher de mon mari pour être réchauffée.

— Vous dites que vous êtes mieux au chaud et que pourtant cela ne vous touche pas ?

— Écoutez : cela ne me touche pas, il est certain que

cela ne me touche pas, mais je me mets plutôt le dos au
soleil qu'au vent froid. Avant, j'aurais été forcée d'aller
me chauffer. Maintenant, si j'ai froid, je l'endure quand
même, et si j'ai chaud, je l'endure quand même, ou
bien je m'abrite par réflexion. Dans les débuts de cette
maladie, j'avais des sueurs, j'étais trempée dans mon
lit ; mais cela ne m'était même plus désagréable. Je
restais ainsi, sans le dire à mon mari, malgré ses recom-
mandations. Cela ne me fait plus rien. Depuis quelques
jours, les sueurs sont revenues ; je sens que j'ai chaud,
mais cela ne me fait pas souffrir. Lundi, vers cinq
heures, j'ai pris un bain de vingt minutes. Il était peut-
être un peu trop chaud. C'est Mᵐᵉ Petit qui a tâté l'eau,
parce que moi, je ne peux pas bien me rendre compte ;
je sens seulement si c'est froid ou chaud, mais je ne
me rends pas compte si c'est trop ou trop peu. Une
fois dans le bain, après un petit moment, ça me faisait
des bouffées, et quand je suis sortie, on m'a dit que
j'étais toute rouge. J'ai pensé que le bain avait été
trop chaud. »

Alexandrine sent très rarement la soif, elle dit ne
l'avoir éprouvée que quatre ou cinq fois en trois ans.
Elle sent très difficilement la fatigue, et nullement le
bienfait du repos survenant après la fatigue.

Elle discerne la saveur des mets très grossièrement et
n'en éprouve ni plaisir, ni répulsion :

« Hier, il y avait des pommes de terre en purée, je

croyais que c'étaient des navets. Je n'ai plus aucun plaisir à manger ce que j'aimais autrefois, je ne ressens rien. »

Elle consentirait peu volontiers à manger des choses qui passent pour dégoûtantes ou qu'elle n'aimait pas autrefois, mais c'est parce qu'elle a là-dessus des principes ou des habitudes, et ce n'est pas en vertu d'une émotion. « Mangeriez-vous de ce cerveau humain?

— Je n'en mangerais pas, mais cela ne me répugne pas. Ce ne sont pas des choses que l'on mange ; et si on me forçait à le faire, je crois que cela ne me ferait rien.

— Si je vous donne à choisir entre un verre d'huile de ricin et un verre d'eau ?

— Je préférerai boire l'eau.

— Pourquoi?

— Parce que je n'aimais pas l'huile de ricin.

— L'huile de ricin vous dégoûte?

— J'en avais le dégoût autrefois, maintenant non.

— Alors, pourquoi choisir plutôt l'eau ?

— Par habitude. »

J'ai fait l'expérience : je lui ai fait déguster 30 grammes d'huile de ricin dans des conditions à dessein répugnantes, et j'ai obtenu des nausées, mais non le dégoût, excepté pendant un petit moment, au cours de l'un des vomissements, deux heures après l'ingestion, et bien que la malade épiât l'émotion promise.

Ainsi nous voyons Alexandrine, au moment même
où elle se plaint de ne pas éprouver une certaine émotion appropriée aux circonstances, donner tous les
signes de cette émotion. C'est avec des sanglots, c'est
d'une voix déchirante qu'elle affirme ne plus pouvoir
ressentir de douleur morale à propos des préoccupations intimes qui autrefois en faisaient naître. L'entrée
subite de son fils, un cri poussé derrière elle, la décou-
verte de pièces anatomiques placées à son insu dans
ses mains altèrent sa courbe respiratoire et son rythme
circulatoire, quoiqu'elle dise n'avoir point ressenti de
choc émotif. Ce n'est point, notons-le, à contre-sens
ni seulement sans occasion que les pleurs coulent,
que la face pâlit, que le cœur et la respiration s'accé-
lèrent, et les modulations tonales de la parole, aussi
bien que la physionomie et que le geste, sont en har-
monie avec le sens. Les conditions apparentes, — intellectuelles et mimiques — des émotions subsistent
donc ; leur coordination, leur adaptation au réel sont
normales. Comment se fait-il alors que depuis si longtemps Alexandrine se plaigne de ne plus ressentir
d'émotions, et qu'elle soit venue demander finalement
des soins à l'Asile ? comment se fait-il que, depuis sa
sortie de Sainte-Anne, où elle n'est restée qu'une sai-
son, à peine une amélioration légère soit survenue ?

La bonne foi de cette femme ne saurait être mise en
doute. Elle ne fait rien pour refréner ou dissimuler les

manifestations des émotions qu'elle dit ne pas éprouver. Elle ne joue pas la comédie de l'inémotivité. Elle ne fait pas non plus étalage de ses pleurs sans chagrin et de sa mimique dépouillée d'affectivité subjective. Si elle fait remarquer qu'elle est en train de pleurer, ce n'est pas qu'elle juge ses larmes inopportunes, ou exagérées, ou insuffisantes, c'est qu'elle ne ressent point, dit-elle, l'émotion correspondante.

Mais avec une entière sincérité, peut-être Alexandrine se fait-elle des illusions, peut-être s'exagère-t-elle l'affaiblissement de son émotivité ? Ne se peut-il pas que son impuissance affective, en partie réelle, soit aggravée par des interprétations, par une crainte hypochondriaque de la maladie, par une obsession ou par une idée fixe de l'incapacité émotionnelle, analogue à ces idées d'humilité, d'indignité, de culpabilité, d'impuissance génétique, de faiblesse musculaire, de perte de la mémoire [1], qui tourmentent certains psychasthéniques et dominent la conviction des délirants ? Sommes-nous en présence d'un trouble véritable de l'affectivité, ou seulement d'un trouble du jugement et du raisonnement, doute hypochondriaque ou persuasion hypochondriaque ?

L'avis des médecins qui ont examiné la malade est unanime sur ce point. Alexandrine n'est ni une obsé-

---

1. E. Bernard Leroy, A propos d'un cas de négativisme mnésique, *J. de Psychol. n. et p.*, 1907, pp. 330 et suiv.

déc, ni une délirante, son absence d'émotivité est réelle et accompagnée de troubles viscéraux.

Voici le diagnostic de M. le D' Juquelier, chef de clinique de M. le professeur Joffroy :

« 29 mars 1905. Est atteinte de mélancolie sans délire. Apathie, inaptitude au travail, indifférence vis-à-vis des siens, mauvais état gastrique. »

M. le D' G. Dumas a maintes fois examiné Alexandrine pour voir si son inémotivité est imaginaire ou réelle. Toujours il a reconnu que cette femme ne saurait être présentée comme éprouvant les émotions qu'elle nie.

Cet état d'inémotivité concomitant à des troubles viscéraux, à une insensibilité corporelle interne et à une analgésie cutanée générale a duré à peu près quatre ans sans amélioration. Récemment, à la suite d'un séjour de six mois chez sa mère, à la campagne, l'état de la malade s'est sensiblement amendé.

En 1907 pour la première fois depuis sa maladie actuelle, Alexandrine a ressenti « une petite peur ». Quelqu'un remontait de la cave au moment où elle allait y descendre . « J'ai failli tomber, dit-elle : j'ai senti une lourdeur dans les reins, et des picotements, on aurait dit que j'allais perdre connaissance, que le cœur ne battait plus ». Cette angoisse s'est renouvelée deux ou trois fois depuis lors. La soif est quelquefois sentie, ainsi que le dégoût et que la colère. La sensibilité cutanée est augmentée, sans être restaurée.

Mais la faim, l'inquiétude et l'affection tendre continuent à demeurer privées de tonalité, elles n'ont pas été ressenties émotionnellement depuis quatre ans.

Enfin Alexandrine sent maintenant un peu mieux le temps. Elle sait si une durée écoulée est brève ou longue. Mais elle le sait sans précision, et se règle toujours sur la pendule.

Tel est l'état de la malade en juillet 1907.

OBJECTIONS ET RÉPONSES

Au sujet de mon observation de la malade Alexandrine, j'ai reçu une objection de M. Piéron et plusieurs de M. K. Oesterreich.

L'objection de M. Piéron est peu grave, à cause de sa trop grande généralité. La voici :

« On ne peut, en effet, vraiment s'appuyer sur des cas d'aliénation, comme l'a fait M. Revault d'Allonnes, où la réalité de l'apesthésie est extrêmement discutable au point de vue clinique[1]. »

Cette note suscite une triple réponse :

Premièrement, la preuve n'est plus à faire des services que peut rendre la pathologie mentale à la psychologie et à la physiologie.

----

1. *J. de Psychol.*, 1907, p. 418, note.

Deuxièmement, la malade Alexandrine n'est pas et n'a jamais été une aliénée, bien qu'elle ait songé à chercher dans un asile d'aliénés un traitement qui restaurât son émotivité abolie.

Troisièmement, l'apesthésie[1] n'est pas seulement discutable, chez cette malade : il est indiscutable qu'Alexandrine n'est point frappée d'apesthésie, puisqu'elle a conservé certaines sensibilités somatiques, d'ailleurs inémotives. Par contre, l'inémotivité subjective est bien réelle, et la perte des sensibilités somatiques émotives est indéniable.

Un psychologue allemand, M. Konstantin Oesterreich, a bien voulu consacrer une longue étude[2] à mon observation de la malade Alexandrine. Il refuse d'admettre avec moi la réalité de l'anesthésie viscérale, et il range Alexandrine au nombre des psychasthéniques auto-suggestionnés. On sait que ces malades se répandent en lamentations sur l'affaiblissement ou sur l'absence de telle catégorie de leurs sensations, alors que pourtant l'intégrité en est clairement démontrable.

J'ai examiné les objections de M. Oesterreich avec le désir d'en tirer profit, mais je n'y ai trouvé qu'une conception peu exacte de l'anesthésie viscérale en

1. V. plus haut, p. 124, n. 1, la définition de ce mot.

2. K. OESTERREICH, Die Entfremdung der Wahrnehmungswelt und die Depersonnalisation in der Psychasthenie, ein Beitrag zur Gefühlspsychologie. *Journal für Psychol. und Neurol.*, Liepzig, Barth, 1906-1907, vol. VII-IX. V. vol. VIII, pp. 162-174.

général et du cas d'Alexandrine en particulier. M. Oesterreich paraît quelquefois confondre deux espèces
d'anesthésie qui peuvent exister simultanément, mais
aussi l'une sans l'autre : l'anesthésie des sensations
affectives ou de l'affectif d'une sensation, et d'autre
part, l'anesthésie des sensations non affectives, ou de
la donnée spécifique, sensorielle, inaffective, en une
sensation. Depuis longtemps est bien connue l'analgésie
sans anesthésie tactile ; elle existe par exemple dans la
syringomyélie et parfois dans la narcose par le pro-
toxyde d'azote. Alexandrine présente cette dissociation
fort nettement. Elle présente aussi quelque chose
d'analogue pour tous les sens : son anesthésie, expérimentalement contrôlable, pour la tonalité affective de
toutes les sensations, n'exclut point la conservation de
sensations-signaux inémotives, purement cognitives,
qui sont des sensations amoindries, mais non nulles.

Par les mots « anesthésie viscérale », Viszeralanaesthesie, allgemeine Viszeralanaesthesie, M. Oesterreich paraît entendre *l'anesthésie totale*. Il cite comme
type un malade de Heyne [1] atteint d'anesthésie générale
cutanée et sensorielle. Je n'ai jamais avancé qu'Alexandrine présentât un cas de cette espèce. Son anesthésie
est loin d'être totale ou générale, puisqu'elle a conservé
quelque chose de chaque sensation, la qualité senso-

---

1. HEYNE, Ueber ein Fall von allgemeiner kutaner und sensorischer
Anaesthesie ; *Deutsches Archiv für klinische Medizin*, S. 79 ff.

rielle, cognitive, tandis qu'elle en a perdu la tonalité affective, le *Gefühlston*.

En quoi consiste le Gefühlston, l'émotivité proprement dite, qui peut disparaître en laissant subsister les éléments sensori-moteurs et intellectuo-actifs de la vie mentale ? Il consiste en une gamme de sensations affectives, organico-cérébrales comme toutes les sensations, et, pour parler avec plus 'de précision, viscéro-cérébrales : douleur, volupté, faim, soif, dégoût, angoisse, etc. Ce sont ces données affectives qu'Alexandrine a perdues, en cela et en cela seul consiste son anesthésie viscérale. Il est impossible de soutenir qu'elle s'imagine seulement les avoir perdues. Quand on la fait saigner en la piquant, même sans la prévenir et les yeux bandés, elle n'esquisse aucun geste de retrait et décrit d'elle-même l'analgésie sans anesthésie tactile d'une manière qui ne peut laisser subsister aucun doute. Et de même pour toutes les sensations : elle décrit d'une façon analogue l'anaffectivité sans anesthésie sensorielle. Ce n'est pas tout. Cette malade présente un trouble bien instructif de la perception du temps ; elle est privée du sentiment de la durée affective. Sans avoir été encore suggestionnée par l'interrogatoire d'aucun médecin ou psychologue, elle a décrit ce curieux symptôme en des termes que nous avons plus haut rapportés. Comment un sujet auto-suggestionné, un sujet qui se jouerait à lui-même la comédie de l'inémotivité, réaliserait-il un phénomène si inattendu et si certainement dérivé de l'inémotivité ? Assurément la comparaison d'Alexandrine avec les psychasthéniques peut être fort utile : mais elle ne saurait aboutir à confondre cette malade, atteinte d'une inémotivité véritable, avec les psychasthéniques hypocondriaques faussement convaincus de leur inémotivité. Peut-être même y a-t-il, parmi les sujets actuellement groupés sous la rubrique de psychasthénie, une catégorie d'inémotifs véritables, que leur comparaison avec Alexandrine pourrait permettre de distinguer des pseudo-inémotifs.

Ainsi donc, je n'attribue pas à Alexandrine, comme l'a cru M. Oesterreich, ce qu'il appelle l'anesthésie viscérale totale, et qui est surtout une anesthésie tactile et musculaire ; tandis que le malade de Heyne, atteint d'anesthésie tactile de l'anus, ne s'aperçoit de ses excréments qu'en les entendant tomber, au contraire, Alexandrine les sent tactilement quelque peu ; son anaffectivité ne la prive point, comme ce malade, de la perception des attitudes et mouvements de son corps ; l'absence d'émotions entraîne chez elle seulement un affaiblissement, et non, comme chez l'anesthésique total de Heyne, une abolition des inclinations, et de la volonté de manger, d'agir normalement.

Voici la traduction des principales objections de M. Oesterreich. On y verra une constante confusion de l'anesthésie tactile et musculaire généralisée, appelée par cet auteur anesthésie viscérale générale, et dont Alexandrine est exempte, avec l'anesthésie affective ou inémotivité, qui se rencontre à peu près pure chez Alexandrine, et que j'appelle anesthésie viscérale.

« L'anesthésie viscérale, dit M. Oesterreich, n'est aucunement indiquée.

En tout cas il s'agit tout au plus d'une perturbation partielle, et non point d'une anesthésie viscérale totale, comme d'Allonnes le suppose.

Les malades chez qui l'anesthésie viscérale totale se rencontre présentent de tout autres phénomènes, dont d'Allonnes ne fait point mention. Ces malades ne peuvent, par exemple, marcher sans supports...

L'urination et la défécation ne sont, chez les vrais viscéralanesthésiques, qu'indirectement aperçues, par l'ouïe : ils entendent tomber leurs excréments (Heyne, *Sur un cas d'anesthésie générale cutanée et sensorielle*). De cela non plus d'Allonnes ne fait pas mention chez ses malades...

Les premiers [anesthésiques généraux] n'ont aucune conscience directe de l'attitude de leur corps, tandis que les psychasthéniques conservent cette perception.

Ils [les anesthésiques généraux] ne peuvent, si l'on supprime le contrôle des yeux, dire quels mouvements passifs on imprime à leurs membres, tandis qu'Alexandrine le peut « comme une personne normale ».

De même Alexandrine se comporte, en mangeant et en buvant, autrement que les anesthésiques ; elle mange trop, tandis que ces malades ne touchent même pas à leurs mets préférés. " Lui demande-t-on, dit Heyne (p. 80) de son malade, de prendre plus de nourriture pour le maintien de ses forces, on obtient toujours cette réponse : « Il m'est impossible de manger davantage, car je n'ai plus aucun appétit, aux meilleures choses je ne peux plus toucher. » "

L'allure d Alexandrine, à en juger par ce que communique

d'Allonnes, ne ressemble aucunement à la conduite des anesthésiques totaux, dont l'allure est si nettement concordante, bien qu'au premier regard il soit tout naturel de penser à une anesthésie étendue. »

Ces objections de M. Oesterreich n'autorisent pas à considérer l'inémotivité d'Alexandrine comme irréelle, comme se réduisant à une simple persuasion hypocondriaque. Sa désorientation dans la durée est d'une nature très particulière, elle résulte nettement de l'absence de sensations affectives viscérales ; l'étude expérimentale de ses diverses sensibilités établit l'authenticité de son anesthésie pour les tonalités affectives de sensation. D'autre part elle n'a point d'anesthésie pour les qualités sensorielles, cognitives, non affectives de sensation. M. Oesterreich a bien raison de dire qu'en cela elle diffère grandement des anesthésiques généraux, et je ne sais comment il a cru que j'ai méconnu cette différence. Enfin, il est possible que certains psychasthéniques présentent des symptômes analogues à ceux d'Alexandrine : une inémotivité authentique, des troubles de la perception affective de la durée fondés sur l'inémotivité ; j'ai moi-même signalé comme psychasténiques de ce genre les hystériques anorexiques ; mais encore faut-il distinguer bien nettement les *psychasténiques inémotifs* vrais des *psychasténiques pseudo-inémotifs.*

CHAPITRE III

LES INCLINATIONS

DANS LA DISSOCIATION

DU SENTIMENT DU MOI

I. — Psychologie de la personnalité : le moi affectif; le moi sensoriel ; le moi intellectuel et volontaire.

II. — Perte du sentiment affectif du moi vivant, avec conservation de la sensation inémotive du moi, et des inclinations, devenues inémotives.

III. — Objections de M. K. Oesterreich et réponses. — Essai d'une théorie de la « dépersonnalisation ».

PSYCHOLOGIE DE LA PERSONNALITÉ

Les troubles de la personnalité pourraient être divisés en troubles par exagération, troubles par perversion, troubles par amoindrissement.

' Taine[1] a le premier employé l'expression d' « hypertrophie du moi » ; l'égocentrisme devient une véritable maladie de la personnalité chez certains criminels, et surtout chez les aliénés délirants systématiques dans la folie des persécutions et dans la folie des grandeurs. Quant aux perversions de la personnalité, elles consistent dans les faits de dédoublement, de hantise,

1. TAINE, Les éléments et la formation de l'idée du moi. *Rev. Philos.*, 1876, vol. I, pp. 289-294.

d'obsession et de possession démoniaques, d'incarna-
tion, de médiumnité. Nous ne parlerons point ici de
ces deux premières catégories de troubles : c'est seulement sur les amoindrissements du sentiment de soi-
même que nous voudrions dire quelque chose, à propos
d'un phénomène ordinairement étudié sous le nom de
dépersonnalisation[1], et que Krishaber avait appelé la
névropathie cérébro-cardiaque[2].

Une théorie psych. logique générale de la personnalité devrait, pensons-nous, distinguer d'abord la *perception de soi-même* d'avec la *conception de soi-même*;
en second lieu, elle devrait distinguer deux modes de
la perception de soi-même, l'un sensoriel, l'autre sentimental. Les éléments psychologiques de la personnalité
seraient ainsi répartis en trois groupes que l'on pourrait
appeler : le *moi affectif*, le *moi sensoriel et imaginatif*,
le *moi intellectuel et volontaire*. Le moi sensoriel et imaginatif, c'est la vue de notre corps, sa perception tactile,
motrice, auditive, et c'est aussi notre nom, le son de
notre propre voix, la représentation visuelle imaginaire

---

1. V. Séglas, *Leçons cliniques sur les maladies mentales*, 1895, pp. 131
et suiv. — Dugas, *Rev. philos.*, 1898, vol. 45, pp. 500-507 ; vol. 46, pp. 423-
425. — Pierre Janet, *Névroses et idées fixes*, 1898, vol. I ; *Les obsessions
et la psychasthénie*, 1903, Paris, F. Alcan. — E. Bernard-Leroy, *Rev.
philos.*, 1898, vol. 46, pp. 157-162 ; *IV*e *Congr. internat. de psychol.*, 1901,
pp. 480-488. — K. Oesterreich, *Journ. f. Psychol. u. Neurol.*, vol. 7
(1906), pp. 253-277 [Bibliographie] ; vol. 8 (1906), pp. 60-98, 140-175, 220-238 ;
vol. 9 (1907), pp. 14-54.

2. M. Krishaber, *De la névropathie cérébro-cardiaque*. Paris, 1873
(38 observations).

que chacun se fait de lui-même. Le moi intellectuel et
volontaire, c'est l'histoire de mon passé, telle que je
l'interprète, ce sont mes rêves d'avenir, ce sont les
systèmes stables d'idées conscientes et inconscientes qui
acceptent ou refusent d'admettre en eux et d'assimiler
une donnée nouvelle qui se propose. Le moi affectif,
c'est la durée vivante, flux d'émotions à base viscérale,
c'est la tonalité agréable, douloureuse, angoissante du
présent, ce qui rend chaude et palpitante la minute en
train de s'écouler, ce qui l'aiguise et la détache sur la
trame grise infinie du temps intellectuel et du moi
intellectuel.

Or c'est par l'inémotivité, par l'abolition ou l'affaiblissement des perceptions viscéro-affectives, par la perte
du moi affectif, que s'explique, croyons-nous, le phénomène de la dépersonnalisation. Les dépersonnalisés
sont, à notre avis, des inémotifs qui, privés des données sentimentales élémentaires qui font vivante l'existence, végètent, avec un moi amoindri, énucléé, vidé de
son contenu émotionnel, réduit à une enveloppe creuse,
idéo-sensorielle, et assistent, avec les yeux et avec la
pensée, au déroulement, jour par jour, de leur propre
biographie, sans avoir le sentiment de la vivre.

Nous avons noté ci-dessus les déclarations spontanées d'une malade qu'aucun médecin ni psychologue
n'avait interrogée et « préparée ». Elles contiennent la
description et peut-être même l'explication de la déper-

sonnalisation. Alexandrine se sent changée, excluo du monde, étrangère à soi-même, indifférente à tout; elle est comme un mannequin, comme un manche à balai habillé. Elle est, par son inémotivité, laissée hors du temps concret, hors de la vie, hors de sa propre vie, qu'elle contemple comme celle d'un personnage sans intérêt. On connaît les nombreux documents de cette espèce recueillis par M. Pierre Janet sur ses malades psychasthéniques. M. Oesterreich vient d'en publier quelques-uns aussi. En allemand comme en français, c'est toujours dans les mêmes termes que les inémotifs décrivent leur dépersonnalisation : « Ich fühlte mich wie ein Geist von einer fremden Welt, hineinversetzt : je me sentais comme un esprit d'un monde étranger transporté ici-bas[1] »; je suis « teilnahmlos : exclu » de la vie; « ich fühle mich als gar nichts, als Luft, als Gas : je me sens comme un néant, comme en air, en gaz ». Et c'est dans les mêmes termes aussi qu'ils mettent sur la voie de l'explication, et qu'ils dépeignent leur inémotivité, leur « gemüthliche Stumpfheit : obtusité sentimentale », leur « Taubheit des Gefühls : surdité de sentiment », leur absence de « Gefühlston » ou « Gefühlstonung : ton ou tonalité de sentiment », leur privation de toute « Daseinsfreude : joie d'être », de tout « Gefühls des Daseins : sentiment de l'existence ».

---

1. OESTERREICH, *Die Entf. d. Wahr.* *etc.*, VIII, 67, et suiv.

PERTE DU MOI AFFECTIF

Que reste-t-il du *moi* d'un sujet atteint d'inémotivité ?

L'abolition de l'affectivité, consécutive à l'anesthésie viscérale, a laissé subsister à peu près intactes, chez la malade Alexandrine, les autres fonctions. On a vu que de chaque émotion, il lui reste quelque chose qui n'est plus une émotion, mais un résidu d'éléments cognitifs, habituels et instinctifs, d'où est absente la donnée émotive, le Gefühlston, « le vibrement », dit-elle. Ce résidu conscient d'éléments sensoriels, sensitivo-moteurs, intellectuels, actifs ne saurait être considéré comme une émotion, fût-ce amoindrie, car la malade, le comparant avec les émotions autrefois ressenties, n'y reconnaît absolument rien d'analogue, elle déclare que tout cela n'est que du mouvement et de la connaissance, elle se plaint que cela ne la « touche » pas. Or en l'absence du noyau affectif sans lequel l'émotion cesse d'être une émotion pour devenir un état purement actif et spéculatif, nous voyons que chez Alexandrine, chez la malade M... de M. Pierre Janet[1], chez nombre d'inémotifs authentiques, ce résidu de sensations (dépouillées de Gefühlston), d'images, d'idées, de dispositions motrices continue à se systématiser et suffit encore à engendrer nombre de réactions, de décisions volontaires et d'actes.

1. V. ci-dessus, *Introduction*, p. .

Ce phénomène de la systématisation et de l'extériorisation du résidu inémotif des sentiments énucléés mérite
d'être attentivement examiné.

Alexandrine et les inémotifs-actifs en général four-
nissent l'illustration de la distinction traditionnelle
entre l'*émotion* et le *désir*. Elle reste capable d'inclinations toutes intellectuelles ou toutes motrices, ou toutes
intellectuelles et motrices à la fois, sources — de
paroles, de mouvements mimiques spontanés, d'actes,
sans aboutir au choc affectif. Elle ne ressent plus ni
amour ni haine, car la haine est faite de douleur en
même temps que d'aversion intellectuelle et que d'a-
version musculaire, et l'amour est fait de plaisir, et de
souffrance aussi, en même temps que de désir. Mais
elle continue à pouvoir du moins craindre sans souffrance et désirer sans plaisir ni souffrance, en vertu de
préoccupations toutes spéculatives, toutes inémotives,
faites de souvenirs familiers, d'images obsédantes, de
raisonnements systématiques, d'associations mécaniques des représentations; et il peut s'ensuivre des
actes et des attitudes constantes de l'activité.

C'est en vertu de cette association de représentations
et de mouvements, sans intervention d'émotions,
qu'Alexandrine, alors qu'elle n'aime plus les siens,
continue cependant à les considérer comme les siens.
Elle ne sent plus « chaud au cœur » pour son mari et
pour son fils; pourtant elle est bien éloignée de les

oublier. Elle sent qu'ils lui sont devenus comme des
étrangers, mais comme elle se souvient, pense et veut,
elle n'accepte pas cela, elle ne consent pas à les traiter
en indifférents, elle s'applique à demander parfois de
leurs nouvelles, à attendre leur visite. Et quand elle
pense à la disparition de son affection, souvent les
larmes, sans émotion, coulent. Ces résolutions intimes,
ces démarches empressées, ces souvenirs évoqués,
et finalement le déclenchement des pleurs sans émoi,
rien de tout cela n'est son amour perdu, ce n'en est que
le simulacre sans âme.

Quand nous avons, nous les normaux, une préoccupation intense, elle est émotionnelle en même temps
qu'intellectuelle ; s'il advient que notre pensée soit
détournée et occupée ailleurs quelques instants, en sourdine l'état affectif subsiste, et au retour de cette excur-
sion nous sentons qu'il n'y a pas eu d'hiatus absolu.
Au contraire, si l'attention d'Alexandrine est un moment
suspendue, aucun fil émotionnel ne se déroule à travers
la lacune, de même qu'elle perd le fil du temps si elle
cesse de se tenir attentivement au courant du progrès
des pendules ; aussi, lorsque surgit à nouveau, par sa
puissance automatique, l'idée habituelle, et que la malade se rappelle tout à coup la mauvaise santé de son
fils, Alexandrine se reproche de n'avoir plus de cœur,
puisqu'elle se sent maintenant sujette à des distractions
complètes.

Nous avons passé en revue un certain nombre de sentiments d'Alexandrine, vidés de leur noyau émotionnel : le simulacre de la tristesse, des affections de famille, de la colère, de la peur, du dégoût, de la pudeur. Nous avons vu comment, au lieu d'une émotion, Alexandrine en est réduite à un jugement et à des mouvements conscients (automatiques et volontaires), enveloppe vide de l'émotion abolie. Voici encore quelques exemples où apparaît également l'inclination sans émotion, c'est-à-dire la ténacité des résidus cognitifs, moteurs, sensoriels, et leur capacité à se systématiser et à s'extérioriser, en l'absence du noyau affectif.

Voici la crainte-inclination, vide d'émotion :

« Je ne vais pas devenir folle, Monsieur ?

— Non, soyez sans crainte. Voyez, vous avez peur.

— Non, je ne voudrais pas devenir folle, mon Dieu, mon Dieu, (elle pleure), mais cette idée ne me fait pas de peur.

— Vous pleurez en me disant que vous ne voudriez pas devenir folle : vous avez donc peur.

— Non, cela ne me touche pas; mais je ne voudrais pas être folle. Je voudrais être inquiète et je ne peux pas. Avant, j'étais tout le temps inquiète. Si je m'étais vue si malade, je n'aurais pas été une minute tranquille. Maintenant, j'y pense, mais ça ne me fait pas de peine, ça ne me tourmente pas, j'y pense machinalement, comme je pleure machinalement, sans rien sentir.

— Vous paraissez chagrinée de constater votre indifférence.

— Je la constate, mais je n'en éprouve pas de chagrin. Je voudrais pouvoir me révolter, mais je ne peux pas. »

Autre exemple de crainte inémotive :

« Monsieur, me voici. Est-ce que vous allez me montrer de vilaines choses, comme hier ?

— Vous avez donc été bien impressionnée par ce cerveau et cette tête de mort ?

— Je ne sais pas. Ce n'est pas que j'aie eu une impression : mais j'aimerais mieux ne pas voir ça.

— C'était une expérience pour vous émotionner.

— Oui, Monsieur ; croyez-vous que cela m'a émotionnée ?

— C'est à vous de me le dire. Je crois que oui.

— Dans le moment, cela ne m'a rien fait. Si ç'avait été avant, il est certain que ça m'aurait émouvée.

— Vous me demandez de ne pas recommencer.

— Ça ne m'a pas émotionnée.

— Sur le moment ; mais après ?

— J'y ai pensé plusieurs fois depuis ; je revoyais ça. Je l'ai raconté à mon mari et à mon fils. Ils m'ont dit : « Si on a fait ça, c'est pour ton bien ». Encore ce matin, dans mon lit, je revoyais ça.

— Vous n'avez pas eu de mouvement de répugnance sur le moment, mais il me semble que vous avez eu de la répugnance par la suite, à la réflexion.

— Non, j'y pense comme ça, mais ça ne me répugne pas. Définir moi-même mon état, je ne le peux... »

Voici le désir-inclination, vide d'émotion :

« J'avais l'habitude de priser du tabac, et cela m'était agréable, je ne pouvais pas m'en passer. Ici, j'ai voulu voir si je l'aimerais encore. J'en ai demandé à Mme Petit. On m'en a donné. Je l'ai jeté, cela ne me faisait plus de plaisir, cela ne me touche plus de ne pas en prendre. Alors, mon mari a voulu m'en apporter du bon du dehors, mais je lui ai dit de n'en rien faire. »

La perte des émotions a amené chez Alexandrine la disparition complète des sentiments esthétiques, qui sans doute n'étaient pas très puissants. Elle n'a même plus la curiosité-inclination, vide d'émotion :

« Je n'ai plus d'attrait à lire, pas même les feuilletons. J'ai lu les feuilletons du *Petit Parisien* pendant au moins dix-huit ans. Eh bien, il y a au moins quatre ans que je ne les lis plus, depuis la maladie avant celle-ci.

— Votre état va s'améliorer, à cause du calme que vous avez ici. Voyez ce beau temps, ces belles verdures.

— Autrefois j'aimais tant les jardins ! Mais maintenant, en arrivant ici, je n'avais même pas vu qu'il y a des arbres. Et quand je me promène au potager, ça m'est égal. Tenez, il y a des salades, des choux ; eh bien ! ce sont des salades et des choux. »

Au contraire, les sentiments moraux subsistent à l'état de devoirs-inclinations, vides d'émotion, à l'état de principes inémotifs, et d'habitudes inémotives :

« Mon fils, je sais qu'il va venir aujourd'hui. Avant, j'aurais été impatiente, j'aurais à peine mangé. Eh bien, je sais qu'il va venir, et puis voilà tout. Je l'embrasse parce qu'il est mon fils, mais sans rien sentir en l'embrassant. »... « Les gourmandises qu'on m'apporte, je les distribue, les trois quarts. Il y a là des personnes qui ne voient jamais personne de chez eux, je leur donne mes friandises.

— Cela prouve que vous avez encore de la générosité, de la bonté, de la pitié.

— Inconsciente comme je suis, je ne vais pas être pourtant une personne qui va s'engouffrer comme cela, sans regarder les autres.

— Donner aux abandonnés, c'est la bonté.

— J'étais bonne, avant.

— Cela vous fait encore plaisir de les obliger.

— Avant, cela m'aurait fait plaisir. Maintenant, non. Je donne machinalement. Dans mon idée, il me semble que je leur fais plaisir, mais moi, je n'en ressens aucun. Monsieur... il ne faudrait pas parler de cela... il ne faudrait pas qu'on dise que je m'imagine être généreuse... »...

« Je ne fais pas cela par sentiment, mais par habitude et par principe.

— Vous êtes comme un philosophe qui fait tout par raison...

— Oui, mais non pas par sentiment. Eh bien, il vaudrait mieux souffrir que d'être ainsi, Monsieur. »

L'anesthésie viscérale affective a transformé en inclinations inémotives les émotions-inclinations de notre malade. Quoiqu'elle n'éprouve plus pour son fils le choc maternel, pour son mari le choc conjugal, pour ses compagnes le choc amical, néanmoins elle continue, mue par des inclinations inémotives, à se comporter, autant qu'il est possible ainsi diminuée, en mère, en épouse, en amie, sans jamais ressentir d'émoi.

OBJECTIONS ET RÉPONSES

M. Oesterreich appelle mon explication de la dépersonnalisation une théorie sensualiste et y oppose les conclusions suivantes :

Premièrement : La cause de la dépersonnalisation ne consiste pas dans des troubles de sensations.

Deuxièmement : L'existence d'une abolition (Aufhebung) de la conscience du moi en dépit de la conservation des sensations du monde extérieur et de celles du corps propre, prouve que toutes les théories qui voient dans les sensations soit des corps en général, soit de notre corps particulier, la base du sentiment du moi, sont intenables, car la dépersonnalisation repose d'après elles sur une profonde hypoesthésie de cet ensemble de sensations, alors qu'en fait cette hypoesthésie n'est pas.

Troisièmement : De même que l'étude du sentiment de l'étrangeté du monde extérieur nous a conduits à ce résultat, que dans les perceptions qui leur correspondent, les sensa-

tions nues (nackten) ne représentent que des composantes,
qui par elles-mêmes ne sont pas en mesure de faire naître
l'image générale du monde, image que possède le normal, de
même aussi les sensations nues (blossen) qui nous viennent de
notre propre corps ne peuvent aucunement être les substituts
complets des perceptions complexes qui les remplacent dans
les états normaux. Oui, les sensations générales, faim et
soif, tourment urinaire et défécatoire, etc., cessent toutes
d'exister, aussitôt que les composantes des sensations sont
abolies et que s'éteignent les sentiments autrefois liés avec
elles.

Ma réponse à ces objections est la suivante :

1° Dans la dépersonnalisation, il n'y a pas abolition
(Aufhebung) de la conscience du moi, ainsi que le
dit M. Oesterreich, il y a seulement amoindrissement
de la conscience du moi ; et cet amoindrissement consiste dans la disparition du moi affectif, le moi sensoriel étant conservé ainsi que le moi intellectuel.

2° Le terme « sentiment du moi » englobe trois éléments, qui ont trois fondements différents : la perception
affective du moi a pour base les sensations viscérales ; la
perception sensorielle du moi a pour base les sensations
et images sensorielles ; enfin, la conception intellectuelle du moi a pour base des processus intra-cérébraux,
idéationnels.

3° La théorie de la personnalité et de la « dépersonnalisation » que nous venons de proposer ne saurait
sans impropriété être étiquetée sensualiste : elle reconnaît que le moi, diminué de son facteur affectif vivant,

subsiste sensoriellement et intellectuellement comme
un fantôme décoloré et sans vie, mais dont l'individualité physique, mer᾽ ᾽᾽. volontaire reste réelle et consciente. Cette théorie e s᾽ .tient aucunement enfin que
le facteur affectif à lui s᾽ul pourrait suppléer les deux
autres.

———————

CHAPITRE IV

LA THÉORIE DE M.W. JAMES SUR LES SENTIMENTS

DEVANT LES FAITS DE DISSOCIATION PATHOLOGIQUE
DES SENTIMENTS

Que devient la théorie de l'émotion formulée par M. W. James, si l'on confronte cette théorie avec les faits que nous venons d'analyser ?

Tout en proclamant l'importance des sensations organiques internes comme facteurs des émotions, M. W. James en a un peu négligé l'étude. Ce sont surtout les sensations provenant des jeux de la physionomie et de la mimique qui ont retenu son attention. Ces mouvements esthétiques sont facilement accessibles à l'observation, et leur analyse avait déjà fourni toute une littérature [1] ; il était séduisant de chercher en eux le fondement de l'explication physiologique des émotions.

Le D' Lange a insisté beaucoup plus que M. W. James sur les sensations internes comme facteurs des émotions, à cause de son hypothèse personnelle, d'ailleurs si contestable, selon laquelle toutes les fonctions orga-

1. LAVATER, DARWIN, DUCHENNE (de Boulogne), etc.

niques dépendent passivement de la circulation. Mais il a, tout comme M. W. James, attribué aux sensations de ce que tous les deux refusent d'appeler l'expression, la valeur d'un facteur non moins capital de l'émotivité subjective.

Or, il existe au moins trois groupes de faits qui semblent nécessiter un complément et même une retouche à la théorie Lange-James, car ils démontrent que les sensations viscérales sont seules affectives et sont l'essentiel dans les émotions, tandis que les sensations mimiques externes ne sont qu'accessoires, non émotives mais cognitives, et ne constituent que l'enveloppe de l'émotion, son expansion théâtrale et véritablement son expression.

Le premier groupe de faits contraires à W. James consiste dans l'impassibilité d'habiles comédiens. S'il arrive qu'un comédien se prenne à son propre jeu et qu'il vive son personnage au lieu de le jouer, c'est que les phénomènes viscéraux se mettent de la partie. Tant que les mouvements expressifs ne s'accompagnent pas de modifications conscientes des fonctions internes, il n'y a pas émotion. Worcester, Irons, Baldwin, Dewey ont objecté à M. W. James que le pleurer et le rire peuvent ne s'accompagner d'aucune émotion [1]. C'est qu'alors, a répondu M. W. James, « l'expression »

1. V. W. JAMES, *La théorie de l'émotion.* Paris, F. Alcan, 1903, pp. 139 et suiv.

reste incomplète. M. W. James reconnaît donc que les
sensations internes sont un appoint sans lequel l'émotion n'est pas. Il était sur la voie de découvrir que,
conditions nécessaires de l'émotion, les sensations viscérales en sont aussi les conditions suffisantes.

Il y a un second groupe de faits contraires à M. W.
James. Ce sont les cas pathologiques d'abolition ou
d'anesthésie des mouvements expressifs avec conservation des émotions subjectives, conservation qui
s'explique par la persistance de la vie et de ia sensibilité
viscérales. Sous un masque et sous des membres
paralysés peuvent s'agiter des sentiments violents,
pourvu que la paralysie des muscles de la vie de
relation ne s'accompagne pas de paralysie ni d'anesthésie viscérales. Le roman et le théâtre ont souvent
analysé les impressions terribles du léthargique lucide
qui se voit enterrer vif [1] et les tortures du paralysé qui
assiste, muré en lui-même, à des malheurs ou à des
crimes [2]. Certains malades catatoniques sont impuissants
à fournir la moindre réaction musculaire aux excitations les plus violentes ; on peut les menacer, les piquer,
les brûler sans que leur physionomie bouge, et ils
révèlent, une fois que leur crise est passée, qu'ils com-
prenaient et qu'ils souffraient.

Mais les faits les plus instructifs, constituant la contre-

1. EDGAR POE, MAUPASSANT.
2. ZOLA, *Thérèse Raquin*.

épreuve des précédents, sont fournis par les malades atteints d'anesthésie viscérale avec conservation de la mimique et de ses sensations. Automates lucides, ils constatent leurs réactions physionomiques normales aux événements, sans pourtant ressentir l'émotion correspondante.

M. W. James a conçu d'une manière qui semble discutable les conditions d'une épreuve expérimentale de sa théorie :

> D'autre part, dit-il, nous obtiendrions une preuve positive de la théorie si nous pouvions trouver un sujet absolument anesthésié, intérieurement et extérieurement, mais non pas paralysé, de telle sorte que les objets capables de provoquer l'émotion pussent susciter de sa part les expressions corporelles ordinaires, et qui, interrogé, affirmerait qu'il n'a ressenti aucune affection émotionnelle subjective. Un homme de ce genre ressemblerait à une personne qui paraît affamée parce qu'elle mange, mais qui avoue ensuite qu'elle n'avait aucun appétit. Des cas de cette nature sont extrêmement difficiles à découvrir [1].

M. W. James rapporte trois cas d'anesthésie générale interne et externe, les seuls qu'il ait pu découvrir dans la littérature médicale, et dont un seul, dit-il, est utilisable. Le malade observé par le professeur Strumpell, un apprenti cordonnier âgé de quinze ans, était entièrement anesthésié, intérieurement et extérieurement, à l'exception d'un œil et d'une oreille. Ce malade a

1. W. JAMES, *La théorie de l'émotion*. Paris, F. Alcan, pp. 71-73.

donné une seule fois les signes extérieurs de la honte, une autre fois ceux du chagrin.

Il reste toujours possible, interprète M. W. James, que, de même qu'il satisfaisait ses appétits et ses besoins naturels de propos délibéré, et sans aucun sentiment interne, ses expressions émotionnelles puissent n'avoir été accompagnées d'aucune affection intérieure. Tout cas nouveau d'anesthésie générale devrait être soigneusement examiné quant à la sensibilité émotionnelle interne [1], en tant que distincte des « expressions [2] » d'émotion que les circonstances peuvent susciter.

Le programme clinique ainsi tracé par M. W. James, comme nécessaire au contrôle expérimental de sa doctrine, paraît un programme inutilement compliqué. Si, en effet, l'anesthésie générale supprime l'émotivité, on n'est pas en droit d'en conclure que l'émotion est la conscience de tous les phénomènes organiques indifféremment, physionomiques et viscéraux ; elle pourrait tout aussi bien être la conscience des phénomènes viscéraux seuls, les sensations mimiques restant étrangères à l'affectivité proprement dite.

Or l'observation de la malade Alexandrine et des malades assez fréquents qui sont dans un cas analogue constitue l'expérience cruciale capable de trancher cette question. Il y a des cas de perte de l'émotivité subjective

---

1. C'est-à-dire : « quant à l'émotion comme fait psychologique » ; il ne s'agit pas ici des sensations organiques internes.

2. Le mot « expressions » englobe ici, dans la pensée de M. W. JAMES, les phénomènes viscéraux.

avec anesthésie viscérale et avec conservation des mouvements et des sensations physionomiques.

Déjà M. W. James admet que les données affectives de l'émotion sont des données organiques, et que sur ce tronc de sensations corporelles émotives viennent se greffer des prolongements idéaux et sociaux (processus intellectuels, images, symboles, raisonnements) qui par eux-mêmes n'ont aucun caractère affectif, et sont purement cognitifs, inémotifs. Or il semble qu'il y ait lieu de délimiter plus étroitement que ne l'a fait M. W. James la base organique des sentiments affectifs. Elle est constituée, nous croyons l'avoir démontré, par les sensations internes ; quant aux sensations résultant du jeu des muscles de relation, elles ne font pas partie de l'émotion même, mais seulement de cette superstructure de représentations dont la vie de relation enrichit l'individualité viscérale. Capables peut-être de modifier le timbre affectif des sensations internes, et capables surtout de susciter, dans des conditions normales déterminées, les phénomènes viscéraux affectifs, elles ne sauraient toutefois, à elles seules, fournir la donnée affective même.

Ainsi les qualités affectives nous apparaissent comme des données spécifiques, ayant pour base physiologique propre les phénomènes viscéraux. La théorie Lange-James considère la tonalité affective comme une résultante de sensations sensorielles, motrices, somatiques,

qui ne seraient point affectives par elles-mêmes isolément, mais qui donneraient lieu à l'émotion, au Gefühlston des Allemands, par leurs rapports, par leur accumulation, leur désarroi, leur inadaptation. La tonalité
affective ne serait pas inhérente à telle donnée psychologique, elle résulterait d'une relation. Cette conception que l'on pourrait appeler *relationnelle* de
l'émotion est un fond commun par lequel se rejoi-
gnent la théorie Langes-James et la théorie intellectualiste de l'émotion, opposées superficiellement. Selon les
psychologues intellectualistes, l'émotion est un changement soudain apporté dans l'intensité, dans la vitesse,
dans la direction des faits de conscience, il n'existe pas
de données émotionnelles spécifiques, et c'est de l'interaction des représentations que les émotions résultent.
Lange et James n'ont fait que restreindre cette manière
de voir aux sensations corporelles, leur attribuant un
pouvoir de relation émotionnelle qu'ils hésitaient à
accorder aux autres représentations, aux idées, images,
processus intellectuels dont le substrat organique est
surtout intra-cérébral. Et M. P. Sollier a profité de ce
postulat, commun à James et aux intellectualistes,
pour fusionner ou juxtaposer les deux doctrines adverses
et pour dire que les pures représentations, phénomènes
cérébraux, ne sont pas moins physiologiques que les
données sensori-motrices et sensitives, et que dès lors
leur action réciproque, tout aussi bien que celle des

sensations somatiques, peut donner lieu à l'émotion.

Or voici que les faits semblent donner un démenti à la conception *relationnelle* de l'émotion, commune aux intellectualistes, à M. W. James, à M. P. Sollier. Parmi les sensations somatiques, il en est de spécifiquement affectives, il y a des sensations viscérales qui sont la condition nécessaire et suffisante des tonalités émotives. En leur absence, les autres sensations, celles de la physionomie par exemple, et les représentations, quels que soient leurs combinaisons et leurs à-coups, n'arrivent point à engendrer l'émotion. L'anesthésie viscérale entraîne l'inémotivité, alors même que la mimique, alors même que les processus cognitifs et actifs se produisent tels que dans l'émotion. A M. James, à M. Sollier, à l'intellectualisme, ces faits nous conduisent à opposer une théorie viscérale de l'émotion et une distinction entre l'émotion et l'inclination.

CONCLUSIONS

Si l'on veut analyser le complexus sentimental en ses éléments constitutifs et introduire dans la terminologie psychologique une classification clarifiante, nous pensons qu'il faut distinguer l'*émotion-choc*, l'*émotion-inclination*, l'*inclination inémotive*.

BASE VISCÉRO-CÉRÉBRALE DES ÉMOTIONS-CHOCS

On doit considérer les émotions-chocs comme des sensations somatiques internes, seules données véritablement affectives, et sources possibles de représentations et de mouvements de relation. Sur les différentes modalités du choc viscéral émotif, nous sommes assez renseignés. Émotion amoureuse, faim, soif, douleur, angoisse, voilà les plus intenses. Chacune est riche elle-même de plusieurs variétés. Par exemple, parmi les formes d'angoisse décrites par Freud (de Vienne), nous avons cité l'angoisse cardiaque, l'angoisse respiratoire, l'angoisse sudorique, l'angoisse intestinale et vésicale, le vertige.

Les commotions viscérales légères donnent lieu à de simples bouffées de volupté, de douleur, d'anxiété. Et voilà peut-être à quoi se réduit tout le clavier affectif, que l'on a coutume de supposer infini. De même que vingt-cinq signes alphabétiques suffisent à écrire l'*Iliade*, et trois couleurs simples à engendrer toutes les nuances, de même que les jeux si variés de la physionomie humaine résultent, comme l'a démontré Duchenne (de Boulogne), de l'action d'un, deux, au plus trois muscles par expression, il semble que, de même, la gamme des données affectives simples soit loin d'être aussi immense qu'on est porté à l'imaginer, tant qu'on aborde les phénomènes sentimentaux sous leur forme la plus complexe, tant qu'on ne commence pas par dissocier émotion et inclination, tant que, par delà les systèmes cohérents de phénomènes sensori-moteurs, intellectuels, volontaires, sociaux, par eux-mêmes inémotifs et pourtant actifs, on ne démêle pas les données proprement émotives, les tonalités viscéro-affectives.

BASE VISCÉRO-SENSORIO-CÉRÉBRALE
DES ÉMOTIONS-INCLINATIONS ET DES PASSIONS ÉMOTIONNELLES

Si un certain état viscéral affectif est associé à tout un système de données représentatives et motrices externes organisées, tenaces, habituelles, extériorisées socialement par des expressions et par des actes, voilà l'émotion au sens ordinaire du mot, ou, pour employer une appellation plus précise, l'*émotion-inclination*.

C'est le complexus sentimental non analysé, que M. W. James rattache en bloc au complexus physiologique également non analysé et pris en bloc, sans se demander si, dans cet ensemble d'éléments psychologiques et physiologiques de tout ordre qu'est une émotion au sens vulgaire du mot, il n'est pas quelques données (les sensations viscérales) auxquelles seules appartient en propre le caractère affectif, tout le reste étant des forces par elles-mêmes inémotives.

En examinant une objection tirée du jeu pathétique d'acteurs impassibles, M. W. James paraît avoir, six ans après son célèbre article du Mind, envisagé favorablement, mais sans l'approfondir, la conception même que nous essayons de développer. Après avoir cité des acteurs émus par leur propre jeu, M. W. James écrit : « L'explication de la contradiction entre acteurs est probablement celle-là même que ces citations suggèrent. La partie *viscérale et organique*[1] de l'expression peut se supprimer chez certains hommes, mais non pas chez d'autres, et c'est de là que dépend probablement la partie essentielle de l'émotion ressentie. Coquelin et les autres acteurs qui restent froids intérieurement

1. En italiques dans l'original.

peuvent sans doute opérer complètement la dissociation[1] ».

Mais M. W. James ne s'attarde pas à l'examen de
cette hypothèse, qu'il se contente de considérer en
passant commme vraisemblable : il ne s'enquiert pas
des modifications profondes qu'apporterait à son système une démonstration plausible de l'inémotivité des
sensations physionomiques et mimiques, et de la
spécificité émotive des sensations viscérales. L'émotion
reste à ses yeux « un complexus particulier de sensations[2] ». Pour débrouiller ce complexus, il n'a pas
regardé comme la première de toutes les questions
celle-ci : les sensations somatiques internes ne sont-
elles pas seules émotionnelles ? quant aux sensations
des mouvements expressifs, qui ne sont point des conditions suffisantes de l'émotion, en sont-elles seulement
des conditions nécessaires ?

BASE SENSORIO-CÉRÉBRALE DES INCLINATIONS
ET PASSIONS INÉMOTIVES

Si, du complexus sentimental vulgairement appelé
émotion et que nous désignons plus volontiers émotion-
inclination, le noyàu affectif vient à disparaître, soit
pathologiquement, comme chez notre malade Alexandrine, soit éliminé normalement par l'habitude ou par

1. JAMES, *La théorie de l'émotion*. Paris, F. Alcan, 1903, p. 90.
2. *Ibid.*, p. 78.

toute autre condition produisa·t l'émoussement de l'émotion, il peut arriver que, l'affectivité une fois abolie, persistent néanmoins les représentations, les mouvements expressifs coordonnés, et que ces forces continuent à fonctionner, à·engendrer des processus intellectuels, des démarches actives : en se dépouillant de tout caractère affectif, l'inclination peut ne rien perdre de sa puissance.

Par le triple processus de l'habitude, de l'intellectualisation, de l'insuffisance des sensations viscérales, nous avons vu que de puissantes inclinations inémotives peuvent dériver des émotions. Les mondains maugréant contre le monde, les savants qui ne peuvent quitter leur laboratoire même quand ils n'y travaillent pas, les purs ambitieux qui n'attendent rien du pouvoir, sont dirigés par des inclinations inémotives originairement émotives.

Mais il y a aussi des inclinations dès l'origine inémotives. Un cœur insensible n'entraîne pas forcément une volonté inerte. Certains sages stoïques étaient naturellement, autant que systématiquement, apathiques au sens propre, c'est-à-dire incapables d'émotion, et pourtant ils ne se sont pas montrés indolents ou inactifs ; le philosophe Kant était foncièrement dépourvu de sentimentalité émotionnelle et considérait toute émotion comme pathologique, ce qui ne l'a pas empêché de s'adonner à l'enseignement et à la spéculation avec téna-

cité et vigueur ; un certain nombre de Révolutionnaires,
Robespierre, Fouquier-Tinville, Carrier avaient une
nature profondément inémotive, en même temps qu'une
volonté de fer et qu'une activité dévorante. L'inémotivité favorise même l'audace, la persévérance : celui qui
est inaccessible à l'émotion est exempt de ces alternatives d'excitation et de dépression nerveuses qui tirail-
lent l'émotif ; rien n'arrête ou ne fait trembler sa main,
rien ne le détourne de son implacable logique. Si le
stoïcien évite les troubles sentimentaux, c'est afin d'assurer la tenue de sa volonté : il est un apathique énergique, ami de l'effort.

Les phénomènes psychologiques de tout ordre sont
des forces, tout aussi bien que les émotions, et peuvent
se composer en puissantes inclinations, mêlées ou non
d'émotions.

C'est, pensons-nous, méconnaître l'existence des
inclinations inémotives, c'est confondre l'émotion et
l'inclination, c'est oublier la puissance de persistance,
d'organisation et d'extériorisation inhérente à tous les
phénomènes mentaux, que de vouloir par exemple, en
pathologie mentale, trouver à toute obsession une origine émotive. Rien n'empêche qu'à côté des obsessions
émotives il y ait des obsessions inémotives, de source
intellectuelle ou active. C'est en vertu de l'identifica-
tion inconsciente et contestable de ces deux processus
psychologiques bien distincts : l'émotion, l'inclination,

que M. le Dʳ Marandon de Montyel[1] expose comme des
alternatives exclusives, entre lesquelles il faudrait
choisir, les trois théories suivantes de l'obsession :
1° l'obsession a une origine intellectuelle; 2° elle résulte
d'une maladie de la volonté (Arnaud) ; 3° elle a une
origine émotive (Morel, Janet, Pitres et Régis, Marandon de Montyel). Il serait, pensons-nous, facile de
trouver des cas répondant à chacune de ces trois
théories.

QU'EST-CE QU'UNE INCLINATION ?

Une même conception de l'inclination nous apparaît
comme l'aboutissement naturel des précédentes recherches, de l'analyse psychologique, de l'expérimentation
physiologique, de l'observation clinique. L'inclination
est l'énergie active des formations physio-psychologiques complexes.

On peut légitimement dire cela de deux manières,
selon qu'on envisage l'inclination ou comme force ou
comme vie. Et ces deux définitions ne s'opposent pas,
mais se complètent ; distincte quant aux termes, quant
aux notions usitées, la seconde rejoint sans doute au
fond la première, s'il est vrai que la vie n'est qu'un
mode particulier de la composition des forces. Mais

1. MARANDON DE MONTYEL, De l'obsession dans ses rapports avec la psy-
chasténie émotive, *Bullet. de la Soc. de Médec. mentale de Belgique*,
avril 1904, n° 115.

cette question de la réductibilité des phénomènes vitaux aux phénomènes physico-chimiques outrepasse la psychologie ; nous n'avons point ici à nous y engager, nous pouvons et nous devons nous contenter, pour définir l'inclination, de superposer aux notions physiques les biologiques.

1° Comme *force*, l'inclination est la résultante d'un ensemble de forces psychologiques élémentaires qui se composent.

Un même phénomène psychologique peut se présenter soit autonome, détaché, soit au contraire associé, élément d'un groupe cohérent, composante d'un système. Il est des sensations intenses mais à fleur de peau, des émotions vives, mais passagères et à fleur d'âme. En des circonstances plus favorables, si l'orientation actuelle de la mentalité individuelle s'y prête, les mêmes impressions (ou à peu près) trouvent au contraire où s'accrocher, et alors, les ensembles préexistants où elles s'incorporent leur confèrent une valeur relative, leur assignent ou leur laissent un rôle qui ne se mesure pas constamment à la force propre qu'elles possédaient ou qu'elles posséderaient isolées. La capacité d'association d'un phénomène psychologique est loin d'être toujours proportionnelle à son intensité propre. De tous les faits conscients, les émotions et les sensations sont les plus énergiques par eux-mêmes, et, par contre, les moins susceptibles de

s'associer tels quels. Pour se composer, pour devenir
éléments d'un système de forces, sensations et émotions
doivent subir une réduction, leur énergie, comme souvenirs ou comme images, subit un considérable déchet. Au
.contraire, ces faits conscients si faibles par eux-mêmes,
les images, les idées, sont éminemment propres à l'action combinée, à la formation de synthèses permanentes.
Et la puissance totale de ces infiniment petits devient
telle par leur accumulation, qu'elle tient en respect la
sensation et l'émotion ; que l'inclination, leur résultante, poursuit son cours silencieux, du passé à l'avenir, à travers les accidents éclatants du présent ;
qu'elle relègue la sensation et l'émotion à l'écart,
comme des péripéties tapageuses mais sans importance ;
ou que, pour se les adjoindre, elle leur inflige la
réduction de la mémoire et de l'habitude.

Et ainsi s'ordonne la conscience en mécanismes
agissants, ainsi se déploie la sentimentalité par le jeu
d'aspirations affectives, l'activité par le jeu de besoins
moteurs, la connaissance sensible par le jeu de schémas
perceptifs, la pensée par le jeu d'idées générales et
d'orientations intellectuelles. C'est de la composition
des phénomènes psychologiques en inclinations de tout
ordre que résulte la formation d'une personnalité subjective, sa méthode dans la contemplation et l'exploration de l'objectif, enfin sa volonté et sa conduite dans
son intervention parmi les réalités externes.

2° Comme *vie*, l'inclination est organisation, fonction, évolution.

Un dispositif anatomo-physiologique inné, héréditaire, est à la base des inclinations instinctives et de ces demi-instincts que la vie personnelle achève de développer. D'autre part, au cours de l'existence individuelle, les tissus, en particulier le tissu musculaire et le tissu nerveux, contractent des dispositions plus ou moins stables, d'un mécanisme généralement peu connu, et qui conditionnent les inclinations à durée variable acquises par chacun.

Considérée dans son allure générale, cette organisation physio-psychologique qu'est une inclination se présente soit stéréotypée, soit évoluante.

Il y a des formations sentimentales, intellectuelles, actives, qui, tout au long de leur histoire, demeurent semblables à elles-mêmes, immuables, que cette histoire embrasse une série de générations, ou seulement une vie individuelle, ou même une période dans une vie individuelle. La stéréotypie des formations vivantes est, selon les cas, simple impuissance à créer du nouveau, ou, au contraire, fixation de l'acquis au fur et à mesure de productions incessantes.

Retraçant la genèse hypothétique des inclinations, M. Th. Ribot [1] admet que, par voie de différenciation et de composition, les tendances (inclinations) biolo-

1. Th. RIBOT, *Psychologie des sentiments*. Paris, F. Alcan.

giques, se rapportant à la vie de nutrition, s'adjoignent, tout en se maintenant elles-mêmes, les tendances bio-psychologiques de la vie de relation, c'est-à-dire celles de la motricité et des fonctions sensorielles, et que celles-ci, à leur tour, une fois fixées dans l'espèce vivante, engendrent, sans disparaître devant elles, les tendances proprement psychologiques, instinct de conservation défensif et offensif, sympathie et émotion tendre, amour de jeu, curiosité, amour de soi, appétit sexuel.

Pour ne pas dépasser ici par des vues biologiques générales la psychologie humaine, nous formulerons simplement les deux lois suivantes, qui régissent tous les faits d'évolution psychologique, et en particulier l'évolution des inclinations :

1° *Un phénomène psychologique, ou un système vivant de phénomènes psychologiques, qui a occasionné la naissance d'un autre phénomène psychologique ou d'un autre système, peut disparaître, sans entraîner la disparition du phénomène ou du système dérivé, si bien que le rejeton séparé de la souche vit désormais par lui seul.*

C'est ainsi qu'une opinion entrée dans ma conviction par un raisonnement que j'ai cru vrai s'organise en une formation psychologique vivante, en une croyance, et systématise mes sentiments, ma pensée, mon action. Si, plus tard, le raisonnement qui suscita mon adhésion est réfuté, si je le reconnais faux, mon opinion

peut subsister néanmoins, l'organisme psychologique
une fois constitué se défend, des sophismes de justifi-
cation surgissent, et alors même que je juge ces
sophismes à leur valeur, je suis tenté de maintenir ma
croyance comme supérieure à tout raisonnement.
L'existence même d'une inclination lui constitue, tout
appui extérieur venant à manquer, comme une suffisante raison d'être. Fréquente est la survivance de
l'amour et de la haine, du désir et de l'aversion, à toute
raison d'être extrinsèque : les inclinations les moins
justifiées ne sont pas les moins tenaces.

2° *Un système de phénomènes psychologiques associés
et organisés peut se scinder, donner lieu à des systèmes
dérivés indépendants les uns des autres ; une souche
psychologique commune peut faire naître des rejetons
animés de vies particulières, et qui en viennent à s'ignorer ou à se combattre.*

C'est ainsi que la curiosité psychologique, la sympathie pour tout ce qui est humain, peut entraîner à des
amitiés difficilement conciliables, qui se juxtaposent
simplement, et, le cas échéant, s'opposent. L'amour de
Dieu chez les mystiques produit souvent des poussées
de philanthropie et des poussées de misanthropie, sous
forme de périodes alternantes de prosélytisme et de
retraite. L'aspiration à l'idéal se ramifie en inclinations
religieuses, esthétiques, scientifiques qui peuvent se
développer côte à côte et souvent entrer en conflit.

La communauté d'éléments ou d'origine, la simultanéité, la continuité, l'influence mutuelle n'empêchent
donc pas chaque sentiment d'acquérir, jusqu'à un certain point, unité et indépendance. Au sein d'une conscience dont toutes les phases sont solidaires, se forment
et évoluent des inclinations diverses, dont il n'est pas
impossible d'apercevoir le mécanisme et la relative
autonomie.

TABLE DES MATIÈRES

ÉVREUX, IMPRIMERIE CH. HÉRISSEY ET FILS

EXTRAIT DU CATALOGUE

17507. — Coulommiers. Imp. Paul BRODARD. — 12-07.

www.ingramcontent.com/pod-product-compliance
Lightning Source LLC
Chambersburg PA
CBHW061010280326
41935CB00009B/909